共享思维

数字化时代的财务管理

[加拿大] 曾亮 著

机械工业出版社
CHINA MACHINE PRESS

财务管理数字化转型是企业管理转型的重要方面，目前在实务层面还缺乏通俗的操作指南类读物。本书分为基础篇、应用篇、赋能篇三大部分，在对共享、管理及技术基本知识进行介绍的基础上，结合案例，重点对财务共享、管理共享、业务共享三个层次，以及智慧共享、融通共享、生态共享三种类型进行了系统阐述，最后对思维赋能、技术赋能两种赋能方式进行讲解。本书适合企业财务管理人员、财务工作者、IT 技术人员阅读，特别适合对数字化技术缺乏了解的企业财务工作者阅读。

北京市版权局著作权合同登记　图字：01-2023-5920 号。

图书在版编目（CIP）数据

共享思维：数字化时代的财务管理/（加）曾亮著.—北京：机械工业出版社，2024. 1

ISBN 978-7-111-75064-2

Ⅰ. ①共⋯　Ⅱ. ①曾⋯　Ⅲ. ①企业管理 – 财务管理 – 数字化 – 研究　Ⅳ. ①F275

中国国家版本馆 CIP 数据核字（2024）第 025431 号

机械工业出版社（北京市百万庄大街22 号　邮政编码100037）
策划编辑：李　鸿　　　　　责任编辑：李　鸿
责任校对：郑　雪　牟丽英　　责任印制：李　昂
河北宝昌佳彩印刷有限公司印刷
2024 年4 月第1 版·第1 次印刷
170mm×242mm · 13. 25 印张·191 千字
标准书号：ISBN 978-7-111-75064-2
定价：59. 00 元

电话服务　　　　　　　　　网络服务
客服电话：010-88361066　　机　工　官　网：www. cmpbook. com
　　　　　010-88379833　　机　工　官　博：weibo. com/cmp1952
　　　　　010-68326294　　金　书　网：www. golden-book. com
封底无防伪标均为盗版　　机工教育服务网：www. cmpedu. com

前　言

跨界是财务管理的必然

2019 年 12 月下旬，我和时任中国企业财务管理协会会长李永延讨论要写一本关于在数字化时代下的财务管理的书。李会长建议我以数字化时代的视角和框架来写这本书。我们讨论了几个关键问题：第一，数字化时代的财务管理与传统财务管理本质上有什么不同？第二，需要从哪几个方面引导读者从财务管理专业人才成长为跨界型人才？第三，需要结合什么样的案例，让读者体会到新的思维能带来什么样的实战价值？第四，需要什么样的赋能工具才能让读者驾驭数据的全生命周期管理，从而驾驭企业的财务管理？这 4 个问题是极具挑战性的，涵盖的范围非常广，需要找到切入点，让读者深受启发。

我问李会长："国内的财务管理专家这么多，为什么选我来写？"李会长说："我理想中的作者是真正做过企业数字化转型的，懂业财融合、财务和管理的专家。按照这个条件，我希望你来写。"没有想到接到这个任务后，就是 3 年疫情。疫情结束后，ChatGPT 得到重大突破，数字化和智能化进程大幅加速，推动着财务管理的发展。这本书的出版也可以说是顺势而为。

我从事财务管理工作 25 年，曾走访过许多央国企、民企和外企，发现目前国内的财务管理还处于一种较低水平的价值输出状态，大部分财务工作者处于记录价值状态。随着人工智能和数字化技术的演进，核算财务必将走向无人化，业务财务（财务 BP）必将走向数字化，战略财务必将走向顾问化。这是财务人员职业发展的趋势。我们应该看明白财务管理的本质及发展趋势，即如何利用共享思维、数字化思维和工具为财务管理人员赋能。这是时代赋予的命题，需要我们给出答案。财务人员需要跳出财务看财务，而不是陷于重复劳动中不能自拔。

本书从财务人员的思维转变开始，通过共享思维，结合财务管理的专业知识，把财务管理中的财务共享分为 3 个层次，即财务共享、管理共享和业务共享。同时，把财务管理中的财务共享分为 3 个类型，即智慧共享、融通共享和生态共享。让读者跳出财务看财务，更好地为企业的战略规划出谋划策，为企业数字化转型提供思路和方法，最终为企业创造价值。

本书特别适合财务从业人员，特别是学过财务管理，对财务共享、业财融合及企业数字化转型感兴趣的读者阅读，希望读者能跨越认知边界，从中获益。特别是对未来的职业发展感到焦虑和困惑的财务人员，本书可帮助你打开视野，让自己从价值记录者提升为价值创造者。因为时间、知识储备和认知的局限性，书中还有很多不足之处，欢迎读者指正。

目 录

前言

基 础 篇

应 用 篇

赋 能 篇

基础篇

第1章　共享基础知识

1.1 共享的本质

资产所有权和使用权的分离是共享经济最重要的本质。在共享经济中，资产的使用权能被独立交易，当将资产配置给能够产生最大经济效益的使用者时，资产价值将不再受制于资产所有者而得以最大化发挥作用。

1.2 共享的目的

共享的目的主要有两个：一个是提高效率，另一个是实现价值最大化。共享使得资产不再受制于资产拥有者而被更多人使用，进而能提高其使用效率，价值也会获得大幅提升。共享经济模式成就了一批独角兽企业。

1.3 共享的参与者

共享的参与者包括资产的所有者、共享平台的提供者及资产的使用者。

共享平台提供者的作用在于"撮合"，它将使用者的需求和所有者的诉求精准匹配，让资产的效率和价值最大化。如果只有资产的所有者而没有使用者，资产就会被闲置。

1.4 共享的范围

根据共享的对象和组织形态，共享的范围可划分为以下 8 类：

1）组织内部，如公司内部的财务共享。

2）组织之间，如集团公司的各个分/子公司之间、不同行业的企业之间。

3）组织与个人，如对资产、数据、算法、人力资源等场景的共享。

4）个人之间，如对资产、数据、算法、关系等场景的共享。

5）人与物之间，如个人资产、数据、算法及人机交互等场景的共享。

6）物与物之间，如数据、资源、流程等场景的共享。

7）区域，如地区之间、地区内部的共享场景。

8）有形和无形资产之间，包括但不限于数据、资源、知识产权等共享场景。

1.5 共享的时机

共享的时机是指适合共享的时间或者条件。具体而言，共享应当具备下述条件：①所有者拥有大量闲置资产；②该资产能够满足用户差异化需求；③存在能够匹配供需交易的平台；④参与人可以共赢。

以充电宝为例，当用户忘记带充电宝，手机没有电了需要充电，而正好旁边有个咖啡店或者餐馆为用户提供充电宝的服务，该充电宝就可实现共享服务。

值得注意的是，如果经济活动没有收益或者参与人不能共赢，经济活动就不可持续。共享单车 ofo 平台的失败，就是由资金链的不可持续造成的。在这个案例中，共享模式本身并没有问题，而是盈利模式出现了问题。由于平台方对共享资产的定价太低，供给过剩，造成其持续不盈利。若所有参与方不能实现共赢，没有收益的一方就没有动力或者能力持续下去。

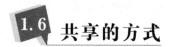

1.6　共享的方式

共享的方式包括算法共享、算力共享、同时共享和互斥共享。

1.6.1　算法共享

算法是一种无形资产，是用数字化的技术及数学逻辑来解决问题。算法共享是指算法的所有者将算法共享给参与人使用。

比特币这一虚拟加密数字货币，本质是一系列复杂算法生成的特解。特解是指方程组有限解中的一组，每一个特解都是唯一的。比特币相当于纸币上的冠字号码，你知道了某张纸币上的冠字号码，就拥有了这张"纸币"。"挖矿"就是通过庞大的计算量不断寻求方程组特解的过程。比特币方程组被设计为有 2100 万个特解，所以比特币数量的上限就是 2100 万。"矿工"在网络上通过区块链算法挖掘比特币稀有资源。"挖矿"实质上就是用计算机解决一项复杂的数学问题来保证比特币网络分布式记账系统的一致性。比特币网络会自动调整数学问题的难度，让整个网络约每 10 分钟得到一个合格答案。比特币网络会生成一定量的比特币作为区块，奖励获得答案的人。比特币算法是在全平台全链条共享的，大家都知道这种算法，并且按这种算法解决问题得到经济利益。这就是典型的算法共享。

1.6.2　算力共享

算力是指所有可调用计算资源产生的运算能力的总和，涵盖软件及硬件、本地及远程资源。算力共享是指将算力提供给参与人来实现经济利益。

公有云就是典型的算力共享平台，如亚马逊云、阿里云、腾讯云、华为云等。这些公有云服务商提供云平台基础设施，如服务器、操作系统、网络安全系统等。

算力共享有效解决了企业IT资源投入有限的问题。服务器、机房、宽带及一些网络安全设备，投入巨大，若每家企业重复建设而不能完全使用，就会造成资源闲置，导致投入产出比不高。如果将各个企业投入的算力集中起来，按需调用和分配，整体算力资源就会得到最优配置，可随时应对当算力达到峰值、服务器资源不够、网络宽带资源不够时所导致的服务器崩溃、宕机进而影响业务交易效率的问题。"双十一"期间每家电商最为担心的就是阿里云的算力是否可以支撑短时间的交易峰值。从费效比的角度看，购买全部资产与使用权共享是有天壤之别的。

1.6.3 同时共享

同时共享是指参与人能够在同一时点共享资产、数据及内容。比如在优酷或抖音平台，大家可以同时看直播、做内容的分享，一个人在用的时候另外一个人也能用，而不是独占式的。

大部分无形资产都可以实现同时共享，不受时间和空间的限制，原因在于无形资产的可复制性。

1.6.4 互斥共享

互斥共享是指在同一个时点，一个人在使用资产的时候另外的人就不能使用这个资产。比如滴滴打车、共享单车或者一些其他实物资产的共享。这种共享资产只能错时使用，其效率和经济收益不如同时共享。为了解决这个问题，有些共享平台就不断加大资产的供给数量，导致供过于求，造成市场的无序竞争和资源浪费。

第 2 章　管理基础知识

本章选择与共享财务管理相关，能够帮助读者具体设计和实施共享财务管理解决方案的管理知识体系进行阐述。

2.1　经营分析

目前的大部分书籍所讲的经营分析都是基于公式算出结果，再基于结果做评价判断。这种分析方法有赖于几个基本假设，即财务人员了解业务、数据真实有效、管理人员或者业务人员能看懂财务人员撰写的分析报告。然而，在实际工作中，这些假设基本不成立。

要真正地把经营分析做好，并且与共享财务管理结合起来，需要从以下 6 个方面入手。

2.1.1　业务数据财务化

业务数据财务化，是把业务的收付实现制"翻译"成权责发生制的过程。业务数据财务化是提供一套基于规则发现问题，规范和监督业务的机制，让数据的使用方能够真正发现问题。

如果财务人员不了解业务，或者对业务的流程和本质认知不清晰，就无法用业财融合的思维分析和解决问题，写出来的分析报告就是数据的堆砌，缺乏对业务和战略执行情况的深度分析，分析报告也缺乏更多维度、更多角度的数据，利益相关方很难通过单一维度的财务数据与公司建立更深的信任度。这个信任度是公司最需要的。频繁出现的财务报告造假现象，证明这个信任关系的重塑是需要花很大的成本的。

因此，财务人员需要融入业务，深刻地理解业务和驾驭业务，了解其关键节点和控制点，设立好风控体系，为高层管理者和利益相关方提供有价值的决策信息。

2.1.2 财务数据业务化

财务数据业务化对财务人员提出了更高的要求，财务人员所撰写的经营分析报告要让业务人员和高层管理人员更容易理解。权责发生制口径的财务分析报告，业务人员和高层管理人员是很难理解的。例如，在收入确认方面，财务是基于权责发生制，而业务是基于收付实现制，这就是高层管理人员经常搞不明白财务和业务怎么连收入数据都经常不一致的原因。其实，二者都没有错，只是数据确认的口径不同。

如果财务人员不懂业务，对业务缺乏深刻理解，就可能会被业务"牵着鼻子走"，业务说什么就是什么，管理人员说什么就是什么，缺乏独立思考的底气，做出来的分析就没有说服力，就没有深度，就不会被认同，就会处于被动地位。

经营分析的目的是帮助企业提高运营效率、获客效率、生产效率和管理效率，而不是事后让管理人员去发现问题，"把脏活累活扔给老板"。经营分析还要帮助企业降低风险。业务人员重点关注如何往前冲，财务人员是帮助管理人员"踩刹车"的，把风险控制在可接受的范围内。财务人员在实际工作中要平衡效率和风险，避免"要效率没控制，要控制没效率"的情况发生。财务人员需要帮助企业用某种方式在过程中控制风险，而不是事后有问题时用极高的代价去修正。

经营分析的目的不仅仅是出数据和分析结果，而是去发现数据背后的问题，然后设计解决方案，给出指导意见，提供改进策略。

2.1.3 幸存者偏差

财务人员在做经营分析报告时，经常会遇到"幸存者偏差"问题。"幸存者偏差"一词来源于第二次世界大战时期。当时的英国专家在分析怎样加厚装甲，才能使轰炸机被高射炮击中后仍然能够安全地返回空军基地。由于飞回的轰炸机一般是被击中机翼与尾翼，所以很多专家认为这些地方需要加厚钢板。但一位统计学家给出了不同意见。他说大家只看到飞回来的飞机被击中的地方，却没有看到没有飞回来的飞机被击中的地方。他认为飞回来的飞机被击中的部位可以不用去管，而应该去调研没有飞回来的飞机被击中的部位，这些部位才是应该加厚的。

同理，财务人员在做经营分析时，不能只考虑看得见的数据对事件的影响，而忽略看不见的数据。财务人员在分析问题时不能忽略没有统计出来的数据。幸存者偏差对企业的业务、战略和风险控制都会产生影响。当财务人员只看得见局部数据时，其经营分析结论就可能有偏差，需要警惕。

要避免幸存者偏差问题，可以使用 MECE 分析法对问题进行分析。MECE 的英文全称为 Mutual Exclusive，Comprehensive Exhaustive，即相互独立、完全穷尽。这是一套很好的结构化思维的方式。财务人员应该尽可能把所有解决方案、假设的相互独立的条件及可能性都列出来，避免遗漏，而不能基于表面去做应急式结论和反应。

2.1.4 战略方向与阶段

财务人员如果对企业的战略方向和所处阶段了解不透，将导致其所做的经营分析报告对管理层的价值不大甚至没有价值，主要原因为：

（1）**事后分析。**

高层管理人员的决策需要数据支撑，若决策时财务人员不能及时提供数据，管理人员只能凭经验做决策。既然已经对结果"买单"，管理人员就对财务人员事后披露的数据不感兴趣了。

（2）**财务数据业务化做得不到位。**

财务人员的经营分析是基于权责发生制，没有转换成收付实现制。因此，财务人员除了做好对外披露的财务报表，还要按照业务维度去分析，做内部管理报表，让高层管理人员看得懂。

（3）**经营分析脱离企业战略方向和所处阶段。**

1）经营分析应与企业战略方向相结合。财务人员在撰写经营分析报告时，一定要结合企业的战略方向做前瞻性思考。财务人员要懂业务，要学会像高层管理人员一样思考战略问题，如当前的行业、技术、社会及组织的发展和变革趋势以及这些趋势对企业可能带来的影响。

经营分析报告不能只是指出问题，还要基于这些问题提供多套解决方案供管理层参考，要和业务人员一起研究解决方案的设计，不能等高层管理人员出方案。

2）经营分析应与企业发展阶段相结合。财务人员要跳出常规的财务思维来判断企业的经营质量，如好的亏损和坏的利润的思维方式就与常规的财务思维相反，但又非常重要。

企业在业务急速扩张时，需要对用户进行补贴以利于快速占领市场，财务报表就会呈现亏损状态。例如，瑞幸咖啡和滴滴一开始为了占领市场，通过"烧钱"来补贴用户以占领市场，就处于亏损战略阶段。衡量亏损是好还是坏需要考虑企业的资源投入是为了短期利益还是长期利益。另外一个例子是亚马逊，它一直都在亏损，但却是市值较高的网络科技公司之一。亚马逊将资源投入到一些前瞻性研究及公有云的建设中，引领未来科技的发展方向。对此，亚马逊的股东和利益相关方都非常认同，认为亚马逊的亏损是合理的，从长期收益角度来看这是一种好的亏损。

诺基亚手机被看成坏的利润的典型案例。在键盘手机和触屏手机竞争时，诺基亚和苹果的战略定位存在根本性的不同。诺基亚固守自己的塞班系统。塞班系统是 2G 和 3G 时代的一个手机操作系统，极其复杂且更新迭代极慢，还不好用。由于诺基亚当时处于手机垄断地位，塞班系统仍然可以产生高额利润，所以在手机操作系统的创新上就止步不前了。而苹果的定位和诺基亚有本质不同：诺基亚做具备娱乐功能的通信设备；苹果做具备通讯功能的娱乐设备。苹果的触屏体验不只是满足用户需求，而是引领用户需求。当用户通过触屏的智能手机感觉到交互便捷性、交互体验大幅提升的时候，他们自然选择了苹果。

所以，财务人员所做的经营分析一定要结合企业的发展阶段思考问题，要透过现象看本质，考虑企业在不同发展阶段的不同风险偏好。初创阶段，企业的风险偏好通常是激进型的，需要冒着风险往前冲，否则就可能会被竞争对手打垮；在成熟阶段，为了"守江山"，企业会保持一定的发展速度，不会轻易过多地投入资源。

2.1.5 数据维度和角度

财务人员在做经营分析的时候，还应重视数据的维度和角度。权责发生制就是一个维度和角度。虽然财务有很多辅助明细账，但都执行权责发生制。

维度是指事物的某种特征，如性别、地区、时间。角度是说从哪个出发点观察事物、看问题，如从岗位、技术、风险、业务等不同角度思考数据。

数据的维度和角度决定了数据的口径。比如收入至少有 4 种口径：一是收付实现制，即按到款确认收入；二是按合同的签约金额确认收入；三是税务口径，即按开票金额确认收入；四是权责发生制，即根据财务准则确认收入。除了这 4 种口径，收入的算法还有很多种组合，如产品的单价乘以数量、不同产品线的产品数量乘以不同产品线的单价的和等。

一条业务数据会产生多个业务结果。不同数据的使用者对数据的基本假设是不同的，数据使用者都把自己默认的口径放在第一位。如果财务人员只提供一个维度的数据，而不是基于多种口径，数据使用者基于单一口径就可能得出错误的结论。

未来财务人员的挑战不在于对准则的把控这一重复性劳动，而在于通过对数据的维度、角度、口径，以及对企业的战略、业务、发展阶段的分析，提出解决方案，这才是财务人员应该做的更有价值的事情。财务人员应更多地考虑如何用数字化系统来处理问题，如利用 RPA 财务机器人替代人工简单重复劳动，把自己解脱出来做更有价值的事情。

总之，财务人员要解放思想，不能把自己仅仅定位为价值记录者，而应该成为价值创造者，帮助管理人员和业务人员开展工作。财务人员应跳出财务看财务。

2.1.6　过程控制与事后分析

经营分析的质量源于数据质量。如果财务人员不做数据的源头控制，也没有做数据的过程处理，事后的数据一定是不可控的。数据的维度和口径是否符合数据使用者的基本假设，传统方式是很难确保的。如此，财务人员基于此数据做分析，就是为分析而分析，质量不会高，导致后续产出出现前面提到的幸存者偏差问题。如果数据治理能从源头开始，并实施过程管理，事后还可追溯的话，那么高层管理人员对基于该数据的经营分析就一定会有信心，才敢基于数据做决策。

为什么高层管理人员在大部分情况下靠"拍脑袋"决策？因为他觉得数据不靠谱，没别的选择。其实，真正好的决策来自数据加经验。这是减少高层决策失误的有力保障，会减少高层决策失误成本。等经营分析报告出来以后再发现和解决问题，其代价很高。可见，思维方式的改变，会为企业节省巨大的成本。

2.2　战略规划

战略规划有助于财务人员突破原有思维定式，站在全局角度去思考问题。下面阐述在经营分析中经常遇到的战略定位、风险偏好、量化管理和执行体系相关知识。

2.2.1　战略定位

1. 什么是战略定位

战略定位，简单地说就是企业如何选择对的事情，再把事情做对。

管理学大师德鲁克认为："战略不是研究我们未来要做什么，而是研究我们今天做什么才有未来。"战略定位要有前瞻性，因为今天做的事情是为未来做准备的。战略定位就是要结合自身优势和特点，结合行业、社会和技术的发展思考现在做什么才能满足未来的需要。

陈春花教授认为，回答企业"做什么"这个问题，关键是看这家企业能不能重新定义所在的行业。在数字化时代，任何行业都可以重新定义一遍，因为它的交互方式、处理模式和商业模式都发生了重大变化。而企业能做什么，不再取决于企业拥有什么资源，而是取决于企业连接了什么。企业连接了什么和连接了多少资源，决定了企业能做多大的事情。企业如何突破行业条件的限制，是做战略定位规划时需要思考的问题。

2. 数字化时代被重塑的企业核心竞争力

数字化时代企业核心竞争力重塑框架见图2-1。

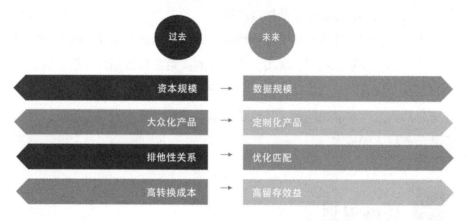

图 2-1　数字化时代企业核心竞争力重塑框架

企业在做战略定位时，需要对自身的核心竞争力进行盘点。如图2-1左侧所示，传统企业对核心竞争力的判断需要回答下面几个问题：

1）企业的核心竞争力是不是依赖于自身的资本规模？

2）是不是能够批量化生产能快速占领行业的产品？

3）客户如果离开企业，企业还能不能活？

4）是不是现在面临高流量成本的转化？

数字化时代，需要重新审视企业内部的核心竞争力，如图2-1右侧所示。

如果企业有足够的数据规模，如客户的行为标签、数字化的商业经营活动场景，有足够的数据标签分析问题，有更多的算法匹配客户的需求，那么企业就能够提供更多满足客户需求的产品，就会有非常好的未来。

数字化时代，企业的核心竞争力是能够基于客户需求做定制化的开发、制造和服务。客户需要个性化的产品，企业需要按照客户的个性化需求来定制产品，而不是批量生产。

关于排他性关系，是指客户如果离开企业，企业能不能存活。在企业不能满足客户需求时，企业是放弃这个客户，还是接入更多合作伙伴和资源来满足和匹配客户的需求。这种满足和匹配是一种优化匹配模式。如果企业能做到这一点，就有很好的未来。

最后，如果企业的流量成本和获客成本很高，就需要考虑如何从存量里面挖掘增量，也就是说如何提高留存效益，即不断深挖客户的需求，把客户的价值做厚，而不只是获取新的客户。企业很好地满足了客户需求，客户一定会把自己生态的上下游带给企业，这种以点代面的思维会让企业拥有很好的未来。

3. 影响战略定位的因素

数字化时代影响战略规划定位的因素包括以下 3 个方面：一是以重新定义为核心而不再是以优化为核心；二是以生态共享为核心而不再以竞争为核心；三是以算法、算力、交易和数据为核心而不再以商业模式为核心。

在数字化时代，企业的核心竞争力是算法、算力、交易和数据：算法是围绕怎么为客户提供更好的服务及如何满足客户的定制化需求，提高客户对企业的信任和黏性；算力是支撑算法的能力，用以满足大批量、高并发交易，是处理大数据的能力；算法和算力是为了提高交易效率，而在交易的过程中会产生更多数据，这些数据又反过来会优化算法和算力，形成企业数字化核心竞争力的闭环。如果企业的这几个能力能够优于其他企业，就能够脱颖而出。

2.2.2 风险偏好

风险偏好是战略规划中容易被忽略的部分。风险偏好一般分为风险爱好、风险中性、风险厌恶 3 种类型。企业决策者最好不要做超过企业自身承受能力的战略规划，这是有风险的，会造成比较大的问题。

正是因为贾跃亭所做的战略规划超出了乐视的承受能力，导致乐视资金面崩盘，说明贾跃亭是一个风险爱好型管理者。企业在做战略规划时需要有底线思维，一定要结合企业自身的发展阶段，把风险控制在可控范围内。

2.2.3　量化管理

战略量化管理就是战略数字化。企业在做全面预算管理、绩效考核及平衡积分卡管理（BSC）时，要对战略执行的目标和结果加以量化，以便于分析和对比。

战略量化管理使用较多的方法是平衡积分卡管理。平衡积分卡分财务、内部业务流程、消费者、学习和成长四大指标体系。但平衡积分卡偏重绩效考核，只是一个结果评价，忽略了过程管理。

战略数字化是利用数字技术把物理世界重构到数字化世界中，方便企业对交易的任何过程进行量化分析，通过过程的可视化来追踪交易的结果和问题。企业需要将战略量化管理细化到每一个场景，保证企业在战略执行过程中不走偏。

2.2.4　执行体系

战略执行体系框架见图2-2。

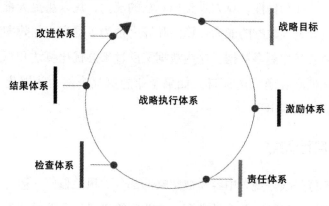

图2-2　战略执行体系框架

在战略执行过程中及时发现问题并纠偏，才能实现战略的、全生命周期的、动态的可视化管理。企业在战略规划中就应尽可能地做量化管理。企业战略执行体系设计的关键是激励体系。战略执行要靠员工，对员工的激励体系才是真正推动企业发展的法宝。除了系统和数据，人是企业最重要的资源。人的执行力决定了企业战略落地的程度。当激励到位，个人目标和企业目标一致，员工的责、权、利划分明确，当员工很清楚考核奖惩体系时，就一定会全力以赴。

在激励和责任体系下，还需要一个管控体系或检查体系。当战略执行到一定阶段，要检视战略执行得是否到位。对于执行中发现的问题，应考虑如何纠偏。

当执行结果出来时，企业需要对这个结果再做一次分析，找出在哪些地方需要做改进，从而不断优化企业的战略制定和战略执行体系。这就是PDCA 模式（Plan 计划，Do 执行，Check 检查，Action 反馈）。在 PDCA 模式下，企业的战略层与执行层会融为一体。财务人员应借助这套方法，跳出财务看财务。

第3章　技术基础知识

　　财务人员经常和数据打交道，数据对企业也越来越重要。这一过程中，需要依赖更多的数字技术。当数字技术与财务管理深度融合，财务管理就会迸发更强的生命力。如果财务人员对数字技术不了解，就不可能让技术为财务管理服务，而可能被迫服从于技术，被技术牵着鼻子走。谁能主导数据，谁就能够掌握未来。财务人员必须在数字技术方面有所作为。

　　过去财务处理数据的方式更多依赖传统的 ERP 和核算软件。财务人员应跳出传统观念，深刻了解和拥抱技术，真正掌握财务科技，成为财务科技专家，以指导业务和技术。

 信息化与数字化的区别

3.1.1　信息化的特征

　　信息化是把物理世界搬到线上，但仍然以物理世界为主。信息化的目的是提升效率。如 OA 系统仅以流程形式记录物理世界的信息；思维模式偏重流程化。在信息化背景下，由人驱动流程，流程本身无法实现自主运转。当发现 OA 系统的流程与物理世界有冲突时，人可以绕过 OA 系统某流程环节与物理世界进行交互以完成工作，之后再完善流程。所以，信息化时代，物理世界是重心，流程是核心，数据这个副产品并不被关注。在信息化时代，企业之所以形成信息孤岛，就是因为数据还散落在各个系统。

如远程办公仅仅是让员工在线沟通，员工仍需要与物理世界交互才能完成业务。如果与物理世界隔绝，比如被隔离，不能与物理世界沟通，可能就无法完成交易。另外，如果仅仅是员工在线，而客户没有在线，业务就没有在线，数据就不会在线，更别说会决策在线。

3.1.2 数字化的特征

数字化是利用数字技术把物理世界重构到数字世界，人类和物理世界的交互大部分可在数字世界完成，这就提升了人和物理世界的交互效率。通过人机协同方式，可以超越人类极限解决基于数据层面的简单重复劳动，让数据跑路，人不跑腿。

如果把企业的在线能力搬到线上，就需要一个数字化过程。只有当企业的业务脱离了时空限制，可随时随地做业务，才算真正实现了数字化，而不是仅仅把流程走完。数字技术可以帮助企业完成数字化转型，它包括但不限于物联网、移动互联网、区块链、AR（增强现实）、VR（虚拟现实）等。

3.1.3 信息化与数字化

从思维模式上看，信息化是流程思维，数字化是数据全生命周期思维。

增值税专用发票一式三联，每张都要盖发票专用章。京东原来就有500人左右的团队专门从事发票盖章工作，为此还曾经举办了一次盖章大赛，就像银行的点钞大赛一样。而发票电子化后，这个工种就慢慢就消亡了。电子发票不需要盖实体章。数字技术可以重构这些业务流程，系统可完全自动处理这些工作，不需要任何人参与。

网上购物过程中，用户的决策是依据数字化世界中物品的图片和文字说明等做出的，都是在线上完成，在跟虚拟物品打交道，只有在收到快递时，才跟实体物品做交互。

在数字化时代，人们对物理世界的依赖会越来越少，而在虚拟世界中做决策会越来越多。数字化时代，人们需要实时连接、实时在线，数据需要实时可视、实时交互，这样，人们在任何时候、任何地点都能开展业务，并享受各种差异化服务。

目前，消费端已经逐渐形成了数字化思维及模式，而企业端还没有完成数字化转型。

数据的全生命周期管理

数字化的核心是数据的全生命周期管理。要做好数据的全生命周期管理，就需要把数据的定义、采集、处理和呈现做好，见图3-1。

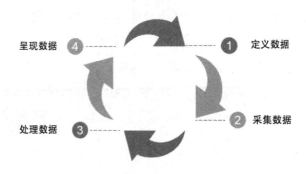

图 3-1　数据的全生命周期管理

3.2.1　数据的定义

定义数据是数据全生命周期最为重要的一个环节，其目标是为决策者提供有价值的数据。数据定义的本质是对数据的规划，它是量化管理的起点，也是数字化世界中数据生命的起点。

如果数据一开始就没有定义好，那么在数据的采集过程中，数据标签和数据维度就一定是缺失的。这样一来，处理数据就无法进行，而停下来梳理数据是非常费时费力的。如果数据处理有偏差，最后呈现的数据结果也会有问题，可信度不高，价值大受影响。

对数据进行定义需要考虑4个方面的问题：一是定义数据的结构，即数据的层次；二是定义数据的维度，如时间、地点、口径、状态等；三是定义数据的标签，如类别、颜色、规格等；四是定义数据的领域，如场景、职能（如财务、人事、业务、技术）等。

实践中经常会遇到一些问题，主要是数据规划方案设计不完善导致的。如 A 系统没有定义数据的状态，传给 B 系统时就需要人当"搬运工"，把这个状态同步给 B 系统，才能往下处理。再如一些小型电商公司，其订单系统未与后台的仓储系统打通，支付状态无法传给仓储系统，导致后台的仓库发货延迟，造成客户体验不好而影响业务。因此，不要小看数据状态的传递问题。

数据的标签也需要定义。比如企业的数据要管多细，即管到多大的颗粒度，以方便后期分析。让数据发挥作用不在于数据规模，而是在于数据标签的丰富度。数据所涉及的领域，如在哪些场景、职能环节、管理领域使用数据，都需要通过数据定义来规划。定义数据不是技术问题，而是管理理念和战略思考的问题，应把决策者需要的数据解构到最小颗粒度。数据规划需要技术人员、业务人员和管理人员共同进行。数据规划的目的是避免需要数据时才临时挖掘和统计。

3.2.2　数据的采集

完成数据定义后，就需要考虑数据的采集手段、方式和时效性，为数据处理提供原材料。

数据采集需要载体和规则。载体相当于装数据的容器。规则包括数据如何采集，放在哪里，怎样处理，是靠人工还是靠机器等。数据采集的本质是对数据进行记录，为数据处理提供来源。

数据采集方式包括无界面采集、有界面采集和接口采集。无界面采集技术是指数据采集时不需要人做任何录入动作，全部由机器完成，人和机器不通过界面交互即可完成数据采集工作，包括自然语义识别（NLP）、视觉识别技术（OCR）、传感器等；有界面采集是在介质上做手工录入，比较常用，需要人工通过计算机键盘或触屏录入数据；接口采集是指系统间通过接口对接进行数据传递，也可以通过人工，比如数据的导入和导出。

3.2.3　数据的处理

在数据采集过程中或采集完成后需要做数据处理。处理数据就是解析数据的价值，决定数据如何往下流转，这会涉及算法和规则。数据处理的目的是让数据对下一个需求环节有用、好用，让数据产生价值，为决策服务。

一个数据的终点往往是下一个数据的起点。数据总在生成，总在被使用，如此周而复始。所以在处理数据时，不仅要考虑数据结果的呈现，还要考虑数据接下来向哪里传递，为哪一个环节服务。

数据处理的基础方法是合并、拆分、匹配、运算、关联引用、提醒及预警过程控制。在把数据来源、数据治理、数据过程控制都做好后，才可进行更深层次的统计分析。

3.2.4　数据的呈现

数据呈现就是实现数据可视化，是对数据开展多维度、多角度翻译和分析等处理后将结果加以展现。数据呈现的目的在于让用于决策的数据更直观。

数据呈现是数据全生命周期管理的最后一个环节。数据可视化最终也服务于让数据产生价值，做到业务数据财务化和财务数据业务化。数据呈现的核心是数据翻译，让大家明白数据在为谁、从哪个角度辅助决策，数据有什么价值。如果只展示一个数据维度的结果，可视化做得再好，价值也有限。

成熟的可视化工具为数据呈现提供了多种方式，如 BI 的工具列表、仪表盘、趋势图和统计分布图等。更深层次而言，做数据呈现需要具备业财融合的思维，对数据做好深度翻译，让数据使用者在同一角度、同一口径上讨论问题，而不是基于各自的假设。当数据口径不同时，得出的结论就会不一样。

应该注意，在呈现和分析数据时，要理解企业战略、企业所处的阶段和高层管理者的思路，这样才能更好地呈现可用、有用的数据，让数据价值最大化。

业务流与数据流

在做财务共享、管理共享和业务共享方案时，企业需要把业务流和数据流梳理清楚。业务流和数据流的区别见表3-1。

表3-1 业务流和数据流的区别

类别	业务流	数据流
方案设计重心	业务的全生命周期	数据的全生命周期
处理逻辑	业务角度的处理逻辑	数据角度的处理逻辑
流程分析方法	业务的来龙去脉	数据的来源、处理及输出

从共享财务的方案设计角度来看，业务流的重心是业务的全生命周期，对应着从起点到终点每个业务节点或场景产生的数据的采集、处理、呈现及流转的方式。每个业务流场景都对应着基于这个场景的数据的全生命周期。每一个业务节点都会涉及数据的全生命周期管理，而不是业务流程完成后才涉及一个完整的数据生命周期。数据流的颗粒度比业务流更细。

从处理逻辑角度看，业务流是处理业务的逻辑，而数据流更关注业务流背后的数据处理逻辑。业务流视角只关注流程是否走完，并不关注数据是否走完、数据状态是否传递、数据的标签维度是否采集清晰、数据的过程控制和数据的风险控制是否做好。这些问题在传统的 OA 流程中并没有过多考虑，而在数据流中它是必须考虑的。

从流程的分析方法看，业务流把业务逻辑、业务的来龙去脉及节点分析清楚就可以，而数据流会更细，它必须认真分析每个业务节点的数据来源、数据处理及数据输出。

数据流分析的好处是，在每一个业务阶段、每个业务节点，都知道数据的问题在哪里，它反过来会指导业务，提醒哪些地方需要优化流程，哪些地方需要优化过程管理，以提高业务效率。而信息化思维只注重系统的功能和流程，不会过多地关注数据的全生命周期管理。

数据流的优势在于以数据为核心，做到数据驱动运营，真正实现共享财务管理。它打破了固有边界，把数据连接起来，修建起数据流动的"高速公路"，实现财务人员从记录价值到创造价值的转变，重构整个企业的流程，优化整个企业的效率，最终服务于经营决策。

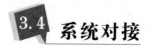

3.4 系统对接

数字化的核心不是数据分析而是数据共享。数据共享的前提是让产生数据的系统连接在一起。企业不是没有系统，而是有很多的系统，系统的碎片化导致了数据的碎片化。有效的解决方案就是连接系统。连接系统是数据共享的重中之重。通过系统之间的连接，让数据很好地传递和共享。这是目前数据中台火爆的原因之一。

根据不同的应用场景，系统之间的对接有 API 接口、中间服务器和比较传统的人工导出导入 3 种方式。

3.4.1 API 接口对接

API 接口方式见图 3-2。

图 3-2　API 接口方式

API 接口方式（Socket 方式）是典型的 C/S 交互模式，它有一台客户机和一台服务器。服务器提供服务，通过 IP 地址和端口进行服务访问。而客户机通过连接服务器指定的端口进行消息交互。传输协议可以是 TCP/IP协议，服务器约定了请求报文格式和响应报文格式。如从系统 A 发送

"hello；姓名：张三；年龄：18"，系统 B 会根据约定的协议，向 A 系统发出响应报文格式，告诉 A 系统传过来的数据是否成功接收，若失败原因是什么。

3.4.2　中间服务器对接

中间服务器对接如图 3-3。

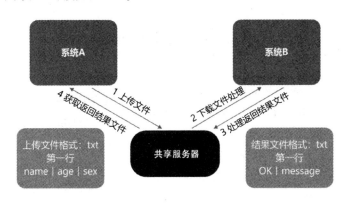

图 3-3　中间服务器对接

中间服务器对接即 FTP 文件共享服务器方式，适用于大量数据的交互。系统 A 和系统 B 约定文件服务器地址、文件命名规则、文件内容格式等，通过上传文件到文件服务器进行数据交互。

为什么会采取这种方式对接？一是数据量比较大，二是出于安全性考虑。企业一般不会让两个系统直接对接，除非都是内部开发的系统。如果涉及不同软件商开发的系统，一般都采用这种中间服务器的对接方式。例如 A 系统把数据传给共享服务器，B 系统从共享服务器抓取数据，处理后再返回结果，然后 A 系统会从中间服务器抓取 B 系统处理的结果，B 系统也会从中间服务器抓取 A 系统传过来数据，按照这种方式去循环。这种对接方式的优点在于安全性有保障，缺点是数据传递的时效性会受一定影响。

3.4.3　导入与导出对接

导入与导出对接即人工从一个系统导出数据后，再导入另外一个系统。这种方式工作量比较大。如果数据不完整、格式或标签有问题等，会非常麻烦。除非万不得已，不建议采用这种方式，因为有人为干预，会产生主观错误。

3.4.4　3 种对接方式的优缺点

API 接口、中间服务器、导入与导出这 3 种对接方式的优缺点见表 3-2。

表 3-2　3 种对接方式的优缺点

系统对接方式	优点	缺点
API 接口	1. 易于编程，目前 Java 提供了多种框架，屏蔽了底层通信细节及数据传输转换细节 2. 容易控制权限，通过传输层协议 https，加密传输的数据，使得安全性提高 3. 通用性比较强，无论客户端是 . net 架构、Java、python 都可以	1. 服务器和客户端必须同时工作，当服务端不可用的时候，整个数据交互不可进行 2. 当传输数据量比较大的时候，严重占用网络带宽，可能导致连接超时，使得数据交换的时候，服务变得很不可靠
中间服务器	1. 在数据量大的情况下，可以通过文件传输，不会超时，不占用网络带宽 2. 方案简单，避免了网络传输、网络协议相关的概念	1. 不太适合实时类业务 2. 必须有共同的文件服务器，文件服务器存在风险，因为文件可能被篡改、删除或者存在泄密风险等 3. 必须约定文件数据的格式，当改变文件格式的时候，需要各个系统同步修改
导入与导出	不涉及技术接口开发，操作简单	1. 不能实时同步数据 2. 数据同步量大的时候会产生瓶颈

采用何种系统连接的方式取决于企业对数据的要求、传输量和安全性，需要综合考虑，提出管理需求，跟业务和技术人员一起讨论。它有可能需要采取一种综合而不是单一的解决方案。

3.5 路由器

路由器用于连接网络中的各种设备，它会根据信道的情况自动选择和设定路由，以最佳路径、前后顺序发送信号。路由器是互联网络的枢纽。目前路由器已经广泛应用于各行各业，各种不同档次的产品已成为实现互联网互联互通业务的主力军，见图3-4。

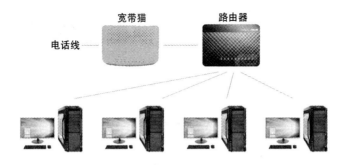

图 3-4　路由器的位置

路由器工作原理见图3-5。路由器在网络模型里处于第三层即网络层。整个网络模型架构可分为7层：第一层是物理层即光纤，负责网线和网卡等物理层面的网络设备的接入；第二层是数据的链路层，用来同步数据，是指定 MAC 方法的地方，最常见的链路层设备是交换机；第三层即网络层，用来指定地址，选择传送路径，最常见的设备是路由器；第四层到第七层分别是传输层、会话层、表示层、应用层。路由器在整个网络架构中起至关重要的承前启后的枢纽作用。

了解路由器的原理可帮助人们更好地理解数据中台的作用。在共享财务中，数据中台发挥了类似路由器的作用，即数据中台完成对数据的连接、处理和翻译工作。数据的翻译过程非常重要。在此过程中，数据的使用者需要考虑数据的使用策略，即数据分发给谁，分发哪些维度和标签的数据，分发哪些数据结果，根据什么规则来分发、什么时候分发等。理解了路由器的作用，就能够理解数据中台为什么是数据流动中至关重要的枢纽，见图3-6。

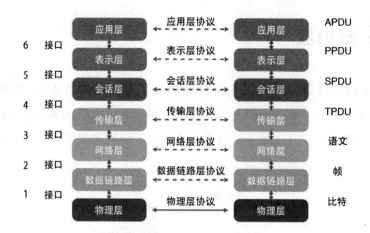

图 3-5　路由器工作原理

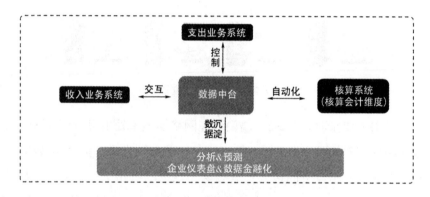

图 3-6　数据中台的作用

如果数据中台不存在，在系统割裂的情况下，数据就需要靠人工搬运。

**数据的同步与异步**

数据的同步与异步可从数据通信和数据处理两个角度来看。

3.6.1　数据通信角度

从数据的通信技术角度看，数据的同步和异步是指数据的同步传输和异步传输。

数据同步传输是指发送方和接收方的时钟是统一的、字符与字符间传输是同步无间隔的，传输效率高，但需要等待。

数据异步传输是指字符与字符间的传输是异步的，并不要求发送方和接收方的时钟完全一致，传输效率低，但不要等待。比如把一个字符段砌成 n 块，然后在不同时间段传输，不要求传输和接收时间是一样的，不用像同步传输那样串行等待。大家可以类比高速下载工具，如蚂蚁下载或快车下载，其处理方式就是把一个文件切成 n 块，然后可以在不同的时间段或不同的下载通道异步处理，最后将文件组合在一起。

3.6.2　数据处理角度

从数据的处理角度看，数据的同步和异步是指数据的同步处理和异步处理。

数据的同步处理是指，如果把数据从 a 环节传递到 b 环节，必须等数据全部传输完毕，数据库才会通知这一操作执行成功。一旦数据量很大，会对服务器造成很大压力，用户要花较长时间等待。在等待过程中，系统没有任何提示，用户会以为系统出现了漏洞或者其他问题。其实它是做在后台处理，但用户并不知道，体验非常不好。

数据异步处理的优点就是用户只需要提交一个数据处理的命令，系统只是告诉用户是否提交成功，用户不用等待后面的数据处理，可去做其他的事情。

3.7　公有云的安全

公有云是共享经济最为成功的应用之一，可帮助企业降本增效，越来越多的企业选择使用公有云，但不少人质疑公有云的安全问题。下面分数据物理安全和数据隐私安全 2 个方面讲解公有云的安全问题。

3.7.1　物理安全

公有云数据的物理安全，是指保证数据存储的完整性和服务的稳定性，如异地多活、防黑客攻击。异地多活是指企业要在另外一个机房部署服务器，确保机房或者数据节点出现火灾、水灾、地震或者其他破坏的时候，另外一个机房有灾难备份机制，确保企业数据不会丢失，业务不受影响。灾难备份机制成本非常高，而公有云本身就是一种异地多活机制。亚马逊云在全球有 13 个节点，其数据的安全性和稳定性可以达到 99.99% 以上（小数点后有 19 个 9）。亚马逊云的产品经理在回答"为什么你不说100%"这个问题时表示，可能也会存在全球同时发生水灾、海啸、火山爆发和地震等灾害的情况，如果 13 个节点都被攻击或者受到影响，稳定性就会受到影响。虽然这种可能性非常小，但是对企业来说，要做到这个水平，投入成本是非常大的。而公有云是一种共享经济模式，按企业需要的流量和服务器资源付费。如果企业自建机房或者私有云，要么投入的机房和服务器会闲置，要么在峰值时根本不够用。

再打个比方，如果数据等同于钱，钱放家里好还是放银行好？答案不言而喻。银行的安全级别肯定高于家里。一般企业内部的 IT 数据安全服务和安全防护能力和公有云比起来差很多。索尼公司、加拿大皇家银行、美国美林银行等的客户数据泄露都是来自内部。黑客可以突破企业的安全防护策略，侵入企业的内部系统获取数据，做一些非法交易。企业的安全策略不可能基于随时的更新和漏洞修补。相比较而言，公有云是专门提供数据安全和存储服务的，它的安全级别非常高，有人工安全工程师、机器人安全工程师，还聘请"白帽"（黑客的反义词）不断地对系统的漏洞发起模拟攻击，找到漏洞后及时修补，所以公有云的数据物理安全级别远高于企业内部的 IT 安全级别。

3.7.2　隐私安全

公有云的隐私安全涉及数据的操作权限和查询权限。技术层面，在同等数据物理安全防护级别的前提下，内网和公有云在数据隐私安全上是没有区别的，但当泄密方式是人为方式，如员工用手机拍照、截屏、用笔或大脑记录，无论公有云还是私有云，都解决不了数据的隐私安全问题。

亚马逊云可以提供一种数据传输加密和存储加密模式，企业可在租赁的公有云的空间内再做一套数据的存储加密体系。绝大多数企业在选择私有云或者做私有化部署时，基本都会忽视数据的存储加密。若企业内部数据都是明文存储，如 Word 和 Excel，没有任何加密措施，黑客就可以轻松地获取企业资料。

到底是使用公有云、私有云还是混合云，要结合企业实力，根据企业的 IT 资源和 IT 能力综合判断和评估。而对于人的行为，都要用内控制度及保密规则等，对数据进行保护。

应 用 篇

第4章　共享财务的3个层次

共享财务的本质是共享服务，就是把跨组织、分散的资源的使用权进行集中，以更低的运营成本，为企业内部客户提供优质服务，提升企业价值。

需要注意的是，财务共享服务于业务部门、管理部门和企业的其他支撑部门，财务共享服务的对象是企业内部客户。共享财务是通过连接员工、客户和业务数据，打破公司资源边界的价值共创的一种形式。对共享财务，不能仅从字面上理解，认为只是把财务能力共享出来，它还需要考虑把管理能力共享出来。共享财务既要服务好业务，又要服务好管理，而财务和管理都要服务好业务。

共享财务管理分为财务共享、管理共享和业务共享3个层次，见图4-1。

财务共享通过连接的方式对资源进行优化配置，打破财务工作的边界。财务部门不仅要处理财务工作，还要用业财融合的思维解决企业内部各部门的相关问题，提供与财务和决策相关的支撑服务。财务部门通过规范、严谨的风险控制，作为一个第三方独立部门，为实现降本增效和价值创造提供服务。财务共享就是强调企业如何从封闭走向开放。

业务共享是要把客户和供应商的分散需求、企业的服务能力和资源进行优化配置，打破业务边界，协同为客户服务。阿里巴巴目前已做到了这一点，它可以实时响应客户的诉求。这种扁平化组织的市场响应速度快，更适合客户的定制化需求。

图4-1中，业务共享平台被放在中间，是因为它连接了客户、供应商等一系列利益相关者。财务共享平台和管理共享平台都是围绕业务和客户

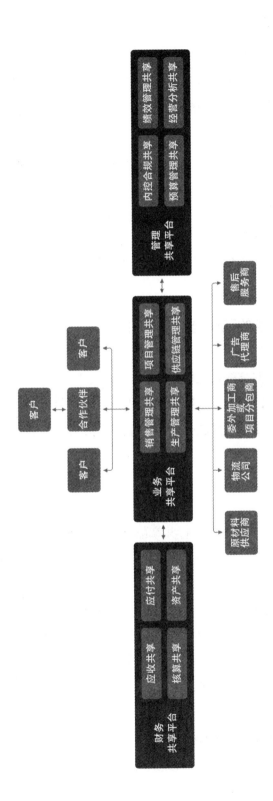

图4-1 共享财务管理的3个层次

开展服务的。财务共享服务、管理共享服务和业务共享服务通过服务场景融为一体。在服务场景下，对于每种客户需求，企业都会提供相应的业务、财务和管理服务，并获取相应的价值。

4.1 财务共享

财务共享是指通过连接，把企业分散的财务资源进行集中配置，打破传统工作边界，为企业各个部门提供相关财务服务，进而实现降本增效的目标。

4.1.1 财务共享的范畴与应用简介

1. 可实现财务共享的企业特征

1）拥有相同业务流程的多个业务单元，如保险公司，其保险产品的种类都比较相似，各地区的分支机构也很相似，能够统一的流程比较多。

2）交易频次高，数量多，如在线交易、在线购物、在线教育、在线服务等。

3）有规模效应。对资源进行共享能够节约成本和控制风险。财务共享中心被称为财务工厂，它把财务作业工厂化、流水线化，对基础岗位人员的要求也不高，因此效率高。

4）财务作业能够数字化、去人工化。财务准则本质上是一套数据处理规则。只要把财务凭证的生成规则和企业的业务场景结合起来，每完成一项业务，财务凭证就会按照对应的处理规则自动生成，可实现凭证处理自动化，真正节省人力，让业务标准化、流程化、数字化，并做到风险可控。

2. 财务共享适用的企业类型

具有下述特征的大型企业适合做财务共享：①大型跨国企业，可以实现规模效益；②业务单一的大型企业，可分级财务共享中心，提高财务处理效率；③流程规范的大型企业，可实现标准化、规范化，降本增效；④集中管控的大型企业，可实现以财务风险控制为核心；⑤频繁重组的大型企业，可实现以充分利用资源和降低管理难度为核心。

中小企业也可以做财务共享，其财务共享的核心目标不在于完全的标准化和规范化，而在于去人工化，即减少人的简单重复劳动，让业务和财务融合在一起，让数据自动流转。这种状态下的财务共享中心是一个虚拟中心。大型企业与中小企业做财务共享的侧重点有所不同。由于费控共享相对简单，因此很多企业的财务共享都优先从费控共享入手。

4.1.2 应收共享的应用范围与场景

应收共享包括客户信用管理共享、合同管理共享、对账与结算管理共享及回款管理共享4个方面，见图4-2。

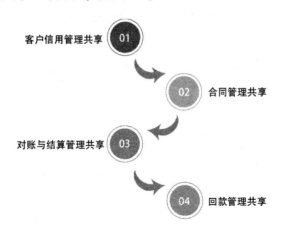

图4-2 应收共享的应用范围与场景

欧美大型企业比较流行将应收应付外包，因为其流程是标准化的。而国内企业的管理流程不够标准化、规范化，且因涉及一些业务机密及税务问题，对应收应付的外包就很少。随着"金税三期""金税四期"的上线，国家对企业纳税的管理越来越规范，推动企业应收和应付流程逐步标准化、流程化和规范化。在此背景下，企业可将应收和应付做内部共享或者外包，以达到降本增效的目的。应收共享，本质是以业财融合思维对企业收入的共享管理。

1）客户信用管理。应收的起点是客户，所以要从客户的信用管理开始，而不是等出现坏账或者其他问题时再处理。事后处理其实是很难的。要从客户的信用评估体系开始建设，并在过程中控制风险。

2）合同管理。大部分人认为合同管理就是对纸质文档的电子化管理，其实不然。真正的合同管理是要约束和规定合同双方企业的权利和义务，因为它才是商业行为真正的风险起源点。合同条款是否清晰、规定是否明确，会直接影响后期的服务和应收账款。应基于合同的全生命周期管理这种风险。

3）对账与结算管理。完成合同约定之后，就是常态化、周期化业务管理。与客户对账和结算是简单重复性的劳动，财务共享可以在这个环节强化。

4）回款管理。在回款认领方面，需要开展匹配、核销及绩效考核等工作。这些工作是简单重复性的劳动，可授权系统自动处理，会减少人为错误。

只要把应收的这4个重要节点分析清楚，企业就应该知道应收共享管理的着眼点，即在哪些地方建立一套应收共享的管理体系，更高效地为业务服务。

1. 客户信用管理共享

信用这条线相对复杂，因为有些客户信息是不披露的。为提高信用管理效率，企业需尽可能对客户的信用进行量化，而不仅仅将其信用等级划分为好、一般或不良。需要界定信用等级标准，如根据客户的账期和价格范围，建立一套信用评分体系，供系统自动推导和判断。

一般来说，信用体系的建设都是以客户的资产规模、销售规模、合作时间等为指标，得出一种计算体系和标准，要让系统更容易识别，即当客户信用体系的参数录入后，系统会自动给信用等级打分，人也可以干预修正。

还有一种更快捷的方式。现在有很多征信公司，如天眼查、企查查等，对外披露一些企业的公开数据，可以将这些第三方征信资源直接导入企业的客户信用平台。同时，要建一个共享的影像平台，让客户上传相关电子资料，将这些资料与第三方获取的资料进行匹配，验证客户资料的真实有效性。另外，可以通过接入央行或者第三方信用机构的风险评估资料，对客户做深度了解，避免一些如欺诈赖账等不良行为导致的业务风险。

在信用共享时，经常发现不同第三方平台对客户信用评定的等级不统一，相关评定标准也不相同。怎样把不同的标准映射到企业的统一标准上来，这是需要考虑的问题。同时，客户征信等级的变化也可能滞后于业务。因为信用评级的变化与业务脱节，客户发生了哪些变化企业并不清楚，在做应收账款或信用风险控制时，有可能会给业务造成一些阻碍，提高沟通成本。

大部分企业的信用控制风险都比较单一，一般是账期、价格体系或优惠政策的控制。但对于客户的其他信用风险控制，大部分企业基本上没有手段，需要通过更多的信息和数据维度做一些其他风险量化的响应机制。

2. 合同管理共享

开展合同管理共享，首先，需要优化审批流程以提高审批效率，并制定优化风险提醒策略，如在业务风险、法务风险、财务风险等方面应做哪些提醒。在管理过程中，业务风险由业务人员判断，法务风险由法务人员判断，财务和税务风险由财务人员判断，也可由系统来判断。比如企业在签约时，合同的有效期可能与税负水平有关，可以做一些提醒或调节。

其次，需要减少签约过程中的简单重复劳动，如合同的盖章、快递及归档。如果合同数量达到一定量级，这种简单重复劳动的工作量就会倍增。目前，大部分互联网公司做到了合同的在线化和数字化，比如采用电子签约或者标准合同，提高了签约效率。大家总觉得盖实体章好像更安全，其实实体章也有伪造、过期的情况。如何实现实体章和电子章的结合，要看企业的风险控制策略和效率优化策略，做到控制和效率的平衡。

如果采用标准合同，合同就可以不审，因为其关键条款如定价、账期没有任何改变，这时只要把客户的信息同步在合同上，就完全可以做到合同的订单化、在线化，客户下载后加盖电子章或实体章回传就可以，大大提高了签约效率。如果是非标合同，即定制化合同，企业就需采用不同的风险控制策略。

最后，也是最为重要的，不管合同是标准的还是非标的，都需要建立业财共享的合同台账体系。因为合同连接的是财务和业务，业务数据来自合同，财务数据也来自合同，企业的业务和财务都是根据合同条款执行处理程序。因此，合同的进度、收付款及开票情况，都需要业务和财务同步、实时、同频、同口径地发现和解决问题。很多企业的业务有一套合同复印件，财务有一套合同复印件，而业务的状态财务不清楚，财务的状态业务不清楚，经常在一些简单的问题上花很多时间沟通，比如合同款是否到账，到账了多少笔款，能否发货，项目是否结项，还有多少尾款未收回等，如果企业建立了合同的台账体系，业务状态与合同状态就能很轻松地同步，合同的执行进度就会一目了然，沟通成本大幅降低，系统还可以做自动判断和预警。解决业财融合问题，合同台账起到了承上启下的作用。

财务共享的目的是服务业务和管理。如果把合同管好，很多业财融合的问题就会迎刃而解。财务共享是实现业财融合的突破点和关键点。对于合同管理共享，企业需要用数字化手段，实现合同的在线编辑和留痕。这是法务、财务、业务和风控合规部门都很关注的，比如用哪个合同版本，有没有签"阴阳合同"，合同的盖章是否真实，电子签约合同有无 CA 证书等。

3. 对账与结算管理共享

合同签订后，如果能做到数据的同步映射和匹配，基于合同的自动对账也就可以完全做到。对账后会自动生成对账单，开票流程自动触发，电子发票发客户处理。客户付款以后，如果企业实现银企直联，系统会对客户回款自动匹配，匹配不了的生成工单池，由销售人员认领。这样一来，销售的认款工作量会大幅减少。而在开票、回款、收入环节各生成何种凭证，都由数据处理规则约定，整个财务共享体系完全自动化，不需要过多人工干预。财务人员在共享中心所起的作用是设立规则和发现风险，而不是处理单据和凭证。

在合同共享过程中，标准合同因为实现了数据同步，一般不会出现问题。对于非标合同，比如有增补条款，合同框架发生变化，审批流程、审批标准及合同存在多主体等，会带来一些业务记录、统计和状态确认的问题，导致业财衔接出现障碍，这需要在设计方案时着重考虑。

在对账环节，企业要考虑企业与客户数据能否同步的问题，即企业的发货单与客户的入库单数据的口径和标准是否一致，双方能否实时在线确认、自动生成对账单和确认单。这样，企业的结算才能更加智能与高效。

财务共享 1.0 时代好比把人集中放在流水线上作业，是"流水线工厂"。财务共享 2.0 时代虽然还是"流水线工厂"，但却是无人的。在设计过程中，要尽可能由系统替代人工做简单重复劳动。在对账环节，只要业务能够在线对账，就可实现触发纸电一体化发票管理、回款的自动匹配及凭证的自动生成。

对账环节最大的问题如何跟客户的数据实现统一，如发货单和入库单的数据格式、名称、确认标准及流程等，需要形成一种规则化或者系统化的体系。当客户的采购系统和企业的销售系统没有对接，存货确认规则不统一时，就需要人工介入。为了尽可能减少人工干预，企业需要在外部数据连接和共享方面多花精力，让业务运行更加顺畅。

4. 回款管理共享

如果前 3 个环节的数据梳理得比较清楚，回款管理就会更加智能。大家想想，在零售场景下，只要扫一下付款二维码，微信或支付宝就知道是谁支付的，所以不存在回款的匹配认领问题。非零售场景也一样，系统完全可以做到回款的自动化匹配，知道回款是针对哪笔订单的，销售回款认领基本可以去人工化。

回款共享管理实际上优化了企业的绩效管理体系，特别是对销售部门的绩效管理。因为回款是自动匹配、准确、及时的，所以奖金激励也是实时、准确的，销售人员的士气也会很高。建立好回款体系好后，还要考虑怎样与企业的 HR 系统同步，这涉及绩效划转和订单分配。在设计回款共享管理系统时，还要考虑回款触发等问题。

4.1.3　应付共享的应用范围与场景

应付共享是有关企业支出的业财融合问题，包括供应商等级管理共享、合同管理共享、支出预算管理共享、对账与结算管理共享及付款管理共享 5 个应用场景，见图 4-3。

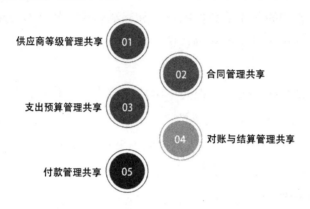

图 4-3　应付共享的应用范围与场景

应付共享涉及企业的成本数据及供应商管理等。这里有一个理念需要纠正，财务经常想拖延对供应商的付款，这相当于间接融资。但要注意一点，如果供应商服务未做好，在企业需要供应商支持的关键时刻，供应商就未必把企业排为优先级。举个例子，百度移动游戏在做线上内容分发业务时，提升了对原创作者的结算效率，即次月 15 日自动付款，并且扣完个税后自动打到作者账上。虽然百度移动游戏的运营可能不如其他平台那么好，但因为结算快，内容提供商甚至一些商务有可能谈不来的大 IP，却更愿意把作品放在百度平台上首发。这就是服务好供应商产生的协同效应。

应付共享管理与应收共享管理相对应，即供应商也需要信用登记管理、合同管理、支出预算控制，对账和结算需要处理付款的一些动作和流程，解构整个应付业务环节，在每个关键节点做共享和效率的优化，以提供更优质的共享服务。

下面从供应商等级管理共享、合同管理共享、支出预算管理共享、对账与结算管理共享及付款管理共享 5 个方面对应付共享加以阐述。

1. 供应商等级管理共享

供应商的等级管理和客户信用管理一样，即确定什么样的供应商能够保证企业保质保量地为客户提供服务。供应商等级管理共享是应付共享管理非常重要的环节。一般大型企业都有招投标体系，即对供应商的筛选机制，对供应商的评估要量化，只有量化才能够提升对供应商的评级和识别的效率。在进行供应商等级量化时，一定要统一评分标准，可以根据供应商的资产规模、销售规模、价格策略、合作市场、供货响应时间、距离、质量等因素，赋予其不同权重。这也是一套算法。

在供应商等级管理中，与客户信用等级管理一样，也要做第三方征信资源的查询，把查询结果对接到企业的招投标管理系统。第三方征信资源平台上有更多、更全的企业评估资料。供应商等级管理共享的问题在于评定的标准不统一，而且这种标准也滞后于市场，各方的评估打分也不同。这些问题需通过迭代和修正不断优化。

2. 合同管理共享

应付共享的合同管理的重要性与应收共享是一致的。企业在应付合同的签约过程中，要对支付风险如账期和处罚条件尤为慎重，避免因疏忽导致企业提前付款，或者产生滞纳金、罚金或其他不平等的支付，不能到最后的付款环节才发现合同有漏洞和风险。

应付共享管理和应收共享管理唯一的区别在于企业拿到进项税发票或者验证发票后，需要考虑与资金系统打通。如果企业有资金系统，可以做资金支付规划，然后通过银企直联自动支付。在整个过程中，企业的应付和支付凭证也可以自动生成，而不是手工录入。

3. 支出预算管理共享

预算过程管理也是企业应付共享管理中非常重要的部分，企业要按照预算的标准和额度进行基于支出合同的支付。实操中，管理比较精细的企业都进行基于项目预算和资金预算的双预算控制，即企业有项目预算，可通过支付申请流程及付款申请流程，但在支付环节还要看是否有资金预算。如果没有资金预算，还要做一次排期，环节会比较多。做到信息的同步和共享对企业而言是一个挑战，也是企业在建设应付共享中要考虑的问题。

预算控制的源头是预算编制。对同一个预算科目，如果编制口径实现了标准化，那么预算控制的策略一定是相同的。预算的过程控制一定要植入整个业务审批流程，而不是业务审批完成后再校验是否有预算。很多企业都在事后校验是否超预算，这就落入了形式化。因为企业没有实时校验真实预算的占用数、预算实际数和预算使用数，事后校验往往导致支出后才发现预算没有控制住。在建设应付共享中心时，也要考虑这类问题的优化。

在支出预算管理共享中，对预算管理的刚性控制和柔性控制的度的把控，以及这两部分策略的结合，取决于企业对风险控制的颗粒度、风险控制程度，或者对个别科目、个别特殊供应商采取的特殊预算控制策略。这些特殊问题，在支出预算管理共享中要单独考虑。

4. 对账与结算管理共享

企业是供应商的客户，可以要求供应商在企业的平台上对账。从数据的主控性和数据的映射匹配程度来说，企业有一定的主动权，能够提高对账的效率。如果对账效率高、结算快，企业和供应商将保持良性的合作关系，也能保证供应商对企业的重视程度和服务质量。对账的在线化、账期的标准化、发票的标准化和在线化是非常重要的。在应付共享管理的这套应用体系的建设上，还需要考虑影像系统支持在线的对账体系，以及资金支付体系和凭证自动生成体系。

对账和结算共享经常出现的问题是新增供应商的采购订单、对账单、发货单、入库单的格式与数据不统一，供应商有异常信息没有及时更新，价格策略调整没有及时更新。特别是互联网企业经常做一些活动，对供应商有不同的策略，经常因价格调整不及时而导致对账错误。这些情况若靠人去做的话问题会更多。应该考虑从系统层面去解决，让系统去监控和发现异常，才能提高效率。

5. 付款管理共享

如果账期的匹配管理要和资金计划关联起来，就要考虑供应链系统和资金系统的连接。这两个系统连接后，会方便出纳与应付会计追溯、查询款项是否应该付，需要什么时候付，用什么方式付，付款对象是谁，谁来付等一系列问题，不需要人做判断，而是把人的这种判断逻辑和标准交给系统，人只需要根据系统提示介入，提高付款效率。

应付共享涉及供应链、进销存系统、发票、账期、沟通、发货、在途货物管理及验收质量等，要扩展的细节非常多，甚至比应收共享的细节还多，对严谨性要求更高。

4.1.4 核算共享的应用范围与场景

1. 业财融合趋势下核算系统的变化

1）随着业财融合理念的普及，RPA 和数据中台的出现，财务凭证的翻译工作将由机器和系统自动完成，财务人员只介入复杂的账务调整处理。系统会根据业务场景对应的记账规则自动生成凭证，上传总账系统。因此，需要深刻理解业务场景，思考基于业务场景需要触发的财务准则及财务凭证的生成规则。

在传统的人工录入凭证时代，一个确定的场景是靠人翻译后录入系统，这种确定的事情是交给人来处理的。财务的基础工作严重依赖人。在核算共享 1.0 时代，只是通过流水线方式把人集中起来，但还是靠人来处理凭证，只是局部的效率优化。在核算共享 2.0 时代，需要穷举业务的场景，考虑业务场景什么时候是不确定的，把不确定性转化为规律进而通过系统来处理，这样人就可以从简单重复的劳动中解脱出来。当业务场景发生时，系统会自动轮询和匹配相应的财务凭证处理规则，自动生成凭证。这样的核算共享，不仅统一了规则，也减少了对人的依赖。

2）从不得不把核算系统当成管理会计系统来用，变为只把核算系统作为权责发生制数据维度的数据仓库，即只是一个总账系统。核算系统要做"轻"。

3）核算系统所需的辅助核算明细，将在数据中台或者业务系统中关联获取。因为核算系统的 AR/AP 模块的数据来自应收应付业务的细节，或者来自数据中台或者前端的业务系统，可以通过总账反查前端业务数据的来源、逻辑和细节。

4）业务系统的数据维度不再是一维的收付实现制，还要考虑权责发生制下的取数规则。在业务数据的维度方面，要从多层次考虑如何为财务核算服务，方便采集数据和后续财务凭证处理的自动化。财务人员要与业务人员对账，大部分原因是业绩的确认时间和财务的入账时间规则不匹配，还要手工再核对一遍。如何解决这个问题？应该在业务处理过程中，留下需要财务处理的规则和时间标签，然后由系统根据预先设定的规则自动生成符合权责发生制的凭证。一条业务数据，可以生成多个数据结果，权责发生制的结果只是其中的一个，这样就不会存在人工反复比对的问题，可以减少很多内部对账的工作量。

2. 核算共享的 4 个统一

核算共享的 4 个统一包括核算平台统一、会计政策统一、核算流程统一及核算基础数据统一，见图 4-4。

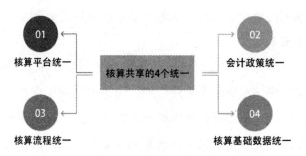

图 4-4　核算共享的 4 个统一

（1）核算平台统一方案。

有一家央企集团原来的核算系统不能满足现在业务的发展，想更换核算系统，有以下两套方案：

第一套方案，找市面上一些大型的核算系统，其辅助核算及业财融合能力强，方便统一管理。缺点是替换成本高，上线周期长，而且初始化数据的整理成本也比较高。这个方案只是同种核算系统的替换。

第二套方案，该央企的问题不在于核算系统本身，而是企业的财务不得不把核算系统当成管理会计系统来用，要做很多数据维度分析和业务过程管理。其实问题不在于核算系统能力的局限，而在于企业缺乏一个业财融合的体系。它应该建一个中台，不管是核算中台还是数据中台，第一要务是把业务和财务连接起来。如果一家集团企业有不同的核算系统，那么用一个核算中台将各核算系统连接起来，将原有的业务凭证分别传到不同的核算系统，生成总账即可，不用替换各核算系统。这套方案的优点在于，核算规则是统一的，只是在不同的核算系统生成凭证。唯一要考虑的是在做合并报表时，需要从各核算系统导出数据，然后在数据中台或者核算中台生成合并报表。这套方案的缺点是可能会产生核算系统的接口成本。

（2）会计政策的统一方案。

对于集团公司而言，如果每个子公司的业态不同，集团总部就必须提炼会计政策的共性和个性，做统一核算的标准化处理及差异化处理。这些标准化、差异化处理必须做会计政策的报备及对照的映射图谱，当遇到差异化处理或者科目不同时，需要做科目映射和科目对照，方便事后统计和分析。

（3）核算流程统一方案。

子公司应收应付的结账时间节点、费用及出纳的总账提交时间节点、报表报出时间节点，都要跟集团协同。一般而言，子公司的完成时间要早于总部，因为总部后续还需要完成合并报表和内部往来抵消工作。对集团公司而言，最需要做的工作是提高合并报表的效率。大部分企业是找一种合并报表软件来解决。这当然是一个提高效率的方式，但合并报表最耗时耗力的还是内部往来交易的确认，以及工作底稿的数据录入和处理。这是个简单重复的劳动。集团应该做一个内部往来的交易平台，自动抵消分录，为合并报表提供有效的数据支撑，提高编制效率。编制合并报表时，如果把集团的股权控制比例和合并规则受到影响的情况提炼为协同处理规则，系统就可以高效处理。

（4）核算基础数据统一方案。

企业集团的子公司都各有一套供应商和客户的主数据，且不统一，合并报表时，即便一个字或者一个格式的错误，都会导致统计分析报告出现问题。所以很多集团公司都在做主数据平台或者数据中台，目的是把基础数据统一起来。一些重要的存货、固定资产合同项目，也需要集团统一。

统一基础数据，需要反向梳理业务、管理及风控，财务和业务的数据只有同口径、同维度，才能够同频分析；如果口径不同、维度不同，讨论问题基本上就是"鸡同鸭讲"。

4.1.5　资产共享的应用范围与场景

资产共享管理是企业资产的业财融合和共享管理。资产共享包括资产采购、资产卡片管理、资产日常管理和资产盘点管理共享4个方面的应用范围与场景，见图4-5。

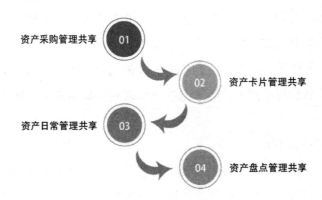

图4-5　资产共享的应用范围与场景

进入智能制造和工业4.0时代，制造业开始进入无人工厂阶段，制造企业对机器人、机械臂及物联网等形成依赖，资产共享管理越发重要。

1. 资产采购管理共享

资产采购管理共享的目标是实现采购的在线化、规模化和集约化，即将各分/子公司的采购需求自动汇总，自动生成采购计划，然后匹配供应商，自动下单或者按照计划下单，提高资产的采购效率，降低资产采购风险。

在资产采购管理共享中，企业需设立在资产入库之前的一系列流程体系与标准，比如供应商的遴选标准、采购流程标准和采购验收标准等，同时，流程中会包含各种相互关联和可追溯的数据，方便企业跟踪资产采购状态和控制风险。

建设资产采购平台，需要搭建资产采购订单的汇集平台、供应商的征信体系及共享的影像平台，通过把采购前置资料和供应商资料进行在线化、可视化比对，做到采购风险可控。当出现审核标准不统一的问题时，需要技术或者业务人员的介入。

确定采用哪种比价规则和策略以降低成本和控制采购风险，批量采购还是零星采购时，需要跟业务节点、业务需求及交互时机做对应。

2. 资产卡片管理共享

资产卡片管理的级别和颗粒度会更细一些。资产卡片是资产的全生命周期的详细记录。资产卡片在线化管理的目的是做到账实相符。而做到账实相符的重点在于盘点，比较耗时耗力。目前很多企业的资产卡片都是手工抄录，基本都是滞后或者不完整的，资产数据也是割裂的，因为资产卡片没有与前端的采购系统对接，财务人员并不清楚采购的规格、谈判过程等细节。并且，由于各种类型的资产卡片格式不统一，在做数据汇集及资产分类时，会造成一些同级偏差。

企业要搭建一套更高效的资产卡片系统来记录资产的全生命周期，需借助物联网来跟踪资产的状态。工厂的设备较多，且很多在室外，如工地或者建筑公司的设备，对其盘点和状态追踪非常耗时耗力。因此，要去用物联网技术做衔接，让物与物沟通，通过 5G 传输实时追踪资产状态。资产卡片管理问题其实是资产状态同步、实时共享问题，要实现从静态管理到动态管理。企业的有些资产能保持在固定位置，而有些资产会随时被借用、调拨，位置随时在变化，资产状态也在变化，要么在使用，要么在检修升级中。这都需要实时掌握。

3. 资产日常管理共享

财务人员要实时把握资产的状态，才能更好地调整账务处理规则。这就涉及资产的日常管理。资产日常管理的目的一是要体现时效性，二是降低管理风险。资产管理的内容包括维修保养、调拨、出借、归还、出售，在共享时代还包括租赁，如何实现流程的标准化、可视化、数字化，提高管理效率，是资产共享需要考虑的问题。

企业需要借助二维码、条形码、传感器或者摄像头追踪资产状态和场景，然后基于这种状态和场景自动生成凭证。对于发现的闲置资产，将其租赁出去后，就会实现从花钱到挣钱的转变。这就是共享经济带来的一种好处。

资产日常管理的关键是让使用方或者保管方都能够实时看到资产的状态，如巡检、异常、维修、调拨等，通过扫描二维码方式，做到数据同步和风险管控同步。

今后，资产管理共享会逐渐替代人工日常管理，比重会越来越高，越来越重要。动态管理会让资产发挥更大的作用。

4. 资产盘点管理共享

对于重资产企业，审计对资产管控的要求会更高。企业购置资产之后，该资产能不能用，是否在用，有没有风险，其所有权、归属权和使用权是如何分配的，等等，都是资产盘点需要重点关注的问题。

财务需要考虑如何实现盘点的自动化、在线化，以及流程的标准化。物联网技术可以提高资产盘点效率。以前，华为的全球资产盘点需要内审和内部员工 3 个月才能完成，使用物联网、传感器及二维码技术后，盘点实现了自动化，可实时知道所有设备的状态和位置，大大提高了资产盘点效率。

所以财务资产盘点的重点是提高时效性、考虑地域差异性，以及不同类型资产盘点标准的确认。例如，农业企业的灌溉沟渠也是一种资产，这种资产不是盘点数量而是盘点长度。沟渠可能很长。在北方，不下雪时，企业可用无人机来盘点；下雪时，可能就要用传感器盘点。总之，资产盘点需要充分利用科技手段提高盘点效率。

4.2 管理共享

在数字化时代，企业要连接员工、客户、业务及数据，打破原有边界，共创价值。管理共享更多地强调资源的优化配置、风险控制、绩效激励及经营分析。

这里对管理共享着重讲 4 个方面：①内控合规，解决企业风险的问题；②预算管理，解决企业资源优化配置的问题；③绩效管理，解决员工激励和企业动力的问题；④经营分析，解决企业如何发现问题或创造价值的问题。这 4 个方面与财务共享相辅相成，但因角度不同，思考的问题也不一样。

4.2.1 管理共享的范畴与应用简介

在数字化时代，管理应该做到决策在线。传统的管理决策是基于经验而非数据。决策成本是企业的最大成本。决策一旦失误，其成本需要全体员工买单。决策不仅要依赖经验，也需要依赖数据。在多个业务单元流程相同时，很多决策方式可以提炼为规则，由系统自动执行。

管理共享就是先把那些能够规则化、标准化的管理元素提炼出来，由系统做管理，把人释放出来。管理者去解决那些更高层次的问题。所以，管理共享一定能带来规模效应，能够去人工化、流程化、标准化及数字化。这和财务共享如出一辙，只是管理共享的要求更高，如要实现异常化管理和决策在线。

管理共享适用的企业类型和目标与共享财务基本一致，包括：①中大型跨国企业，实现规模效益；②业务单一的大中型企业，提高效率；③流程规范的中大型企业，实现标准化、规范化，降本增效；④集中管控的大中型企业，实现以企业风险控制为核心；⑤频繁重组的大型企业，充分利用资源和降低管理难度。

4.2.2 内控合规共享的应用范围与场景

内控合规共享管理是企业全面风险管理的重要抓手。内控合规共享的应用范围与场景见图 4-6。

内控合规首先需要融入业务场景，对业务和财务数据进行采集和判断。采集过程中若发现业务和财务的风险问题，需要对其进行评估，然后设计出风险应对方案，后续进行执行和改善。

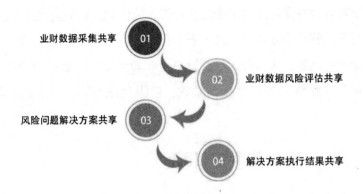

图4-6　内控合规共享的应用范围与场景

1. 业财数据采集共享

（1）业财数据采集共享的目标。

业财数据的采集共享是内控合规中最为重要的部分。大部分企业的内控合规制度都是制定后就束之高阁，在内审或者出具审计报告时，从里面找一些流程做一下穿透测试，仅此而已。这样的情况下，内控合规制度并未起到控制风险的作用。

业财数据采集共享，对内控合规提出了一个更高的要求，要求数据采集共享能够做到实时、准确、在线，能够做到过程管理，能够对员工的行为数据进行分析，能够提升企业内控合规的时效性。

（2）业财数据采集共享的标准。

内控合规做得不好，最基本的管控就不会到位，基层员工挪用资金或其他企业资源，管理层就不能及时发现，只能事后才知道。为避免这些问题，数据采集一定要及时，数据一定是闭环、可追溯的。为什么这样说？当内审人员在发现问题进行回溯时，可能在某个节点数据链就断了，或者线索消失了，内审人员只能到另外一个系统、环节或邮件去探求问题。如果数据是闭环，巡查成本和穿透成本就极低，可以迅速找到责任人或者风险漏洞。在数字化时代，企业的数据采集标准可以高一些。内控合规不是一个独立的体系。很多央企或大型国企的内控合规是一套体系，业财融合是一套体系，反贪反腐败是一套体系，各自为政，这就造成大量重复劳动。

（3）业财数据采集共享的应用。

业财融合是企业内控合规的起点和重要途径。只要企业做了业财融合，建立了数据中台，很多跟业务相关的数据、员工行为的数据，以及各类数据的标签状态，都可以进行穿透、过程控制和可视化，做到及时反应。

所以，当把业财融合、财务共享和管理共享这几件事情合并在一起做到位时，内控合规问题就迎刃而解，而不需要单独再建一套体系。内控合规体系如果游离于企业的业务流程之外，就不会起到任何作用。

（4）业财数据采集共享的问题。

业财融合的数据采集要为内控合规服务，就需要企业考虑内控合规的数据采集规则和标准是否体现在业财融合体系中，包括数据中台或者数据的连接体系。

要提前考虑内控合规相关数据的埋点。所谓埋点，就是预设一些数据标签或者状态判断。埋点后，系统会自动采集和判断数据，这一过程并不影响业务和财务流程，其结果会自动沉淀在系统的数据中心或数据中台。有了实时、动态、闭环的数据埋点，内控合规团队就可以实时发现一些问题，将其消灭在萌芽阶段。要做到这个程度，就需要事前做好规划和设计，且一定要与业务、财务合作。只有懂业务、懂财务、懂内控，才能实现融合。业财融合和内控合规体系是一个跨界的思考和应用。

2. 业财数据风险评估共享

在数据采集问题解决以后，企业就要建立一套风险评估体系。

（1）业财数据风险评估共享的目标。

业财数据风险评估体系建立的目标，是采用哪种算法实现在业务开展过程中实时发现异常，预警风险，并给出解决方案。传统的内控合规时代，只有在事后拿到数据，企业才开始做分析，相对滞后。在数字化时代，需要更加重视过程的风险控制。

（2）业财数据风险评估共享的标准。

在过程中发现问题，代价相对小很多，所以对过程的风控算法极其重要。现在一些互联网公司积极进行过程的资金风险控制和资金支付体系的风险控制，其目的就是避免资金付后才发现问题。这是与业财融合中的算法设计紧密相关。只有设定由业务风控算法产生的风险等级和风险预估标准体系，系统才能根据这个标准做出正确的预警和提示。如超预算时，风险评估体系需要判定超预算程度并根据预算控制策略进行风险评估。如果是刚性控制，风险评估标准为高，风险控制策略是控制业务人员提交单据的权限；如果是柔性控制，即允许在某个范围内超预算，风险评估标准为中高，业务人员需要走超预算流程，系统会提示异常状态，以引起管理层的重视。

数据异常的提醒要可视化、时效化。数据异常反映的是业务异常，以何种标准和方式来呈现需要结合企业的内控合规体系进行设计，比如出现异常时，不能晚于哪个时间节点推送该异常信息，推送给哪些相关方，微信、短信、邮件、系统内消息通知等，以哪些方式共同呈现，等等，都要与不同的业务场景和风控场景结合起来。要把风险的评估体系和风险评估算法融入业务过程，在数据采集过程中进行风险算法的实时评估，实时发现问题并响应，同时在事后不断完善风控策略。

（3）业财数据风险评估共享的应用。

企业需要根据业务的重要程度评估是前置化控制还是后置化控制。业务流程环节若不是那么重要，风险评估可以放在流程结束后，做一些穿透的抽样即可。对于重点业务流程环节，需要风险前置化审批，也就是风险评估要作为一个业务流程的节点。

比如合同管理中需要法务审核和财务审核，就是典型的前置化风险控制策略。有些类型的合同是不审核的，说明其风险在可承受的范围内或者出现风险的概率极低，比如标准合同。业务的重点和风险程度不同，企业采取的风险控制策略也不一样。

（4）业财数据风险评估共享的问题。

在业财数据风险评估中，企业应考虑如何统一算法，如何做算法的迭代，如何兼顾共性和个性问题的转换。比如，在风险控制中，一些风险被判定为个性的，但后期发现这些个性问题存在共性，就要把这些共性特征提炼出来，做一些规避和屏蔽。个性和共性问题的转化需要辩证思维，不是一个静态过程，所以在风险控制中如何识别风险，避免风险的扩散，把风险扼杀在摇篮里，需要深入思考。

3. 风险问题解决方案共享

（1）解决方案执行结果共享的目标。

企业要制订应对内控合规风险的解决方案，并进行积累知识库，以便再次遇到类似情况时可以此为指导，而不是束手无策。这套知识体系能够提高内控合规人员或者风险控制人员解决问题特别是共性问题的效率。

（2）风险问题解决方案共享的标准。

用系统来判定、解决个性风险，可以由专家和风险控制资源协同进行。风控解决方案的标准就是解决方案一定要实现系统化和知识库化，以提高解决问题的效率。在设计解决方案时，要了解业务，明确风险点和控制点在哪里，然后确定风险控制策略是前置还是后置。

（3）风险问题解决方案共享的应用与问题。

大部分企业面临这样一个问题，即要控制没效率，要效率没控制，也就是"一抓就死，一放就乱"。对这个问题的解法是，将风险交给系统自动鉴别和控制，系统不会耽误效率，也能把控制逻辑做得很好，企业只关注异常就可以了。

对于没有共性或者不能规则化的问题，很难纳入高效控制体系，的确需要人的干预，需要人工屏蔽这种重大问题和风险。把共性问题和个性问题区分对待会减少人的重复劳动，提高企业对风险判断的及时性和准确性。

4. 解决方案执行结果共享

（1）解决方案执行结果共享的目标。

内控合规的执行结果是基于所采集数据的风险评估，提出解决方案。在方案执行后，还要进行评定并不断优化和迭代。同时，要提升内控合规系统和内控合规人员发现和解决问题的效率。

（2）解决方案执行结果共享的标准。

企业要对解决方案或者改进方案的执行结果加以量化，比如比以前的问题和带来的损失减少了多少。效果量化后，还要对管理层、风控团队或者业务团队可视化，并将其固化到企业的风控流程、风控策略中。

（3）解决方案执行结果共享的应用与问题。

企业需要做一个统计分析和对比体系，即目标是什么，实际结果怎样，大家都能直观地看到，以朝着降低企业风险的目标努力。同时，对执行结果的总结和反馈要及时，否则业务人员会认为这个体系增加了业务成本，没有解决问题。

企业一定要有内控合规执行效果的量化反馈，并不断优化迭代。在设计内控合规方案时，要考虑控制和效率的平衡。这是决策者最关注的问题。因为决策者既要控制风险，又要发展业务，这个度很难拿捏。所以财务与内控在设计内控合规方案时，要站在服务于业务、把风险控制在可控范围的角度思考问题，懂业务、懂管理、懂控制，这样才有利于将内控合规制度和流程很好地推广下去。

4.2.3 预算管理共享的应用范围与场景

预算管理共享管理是企业资源优化配置的核心。预算管理共享的应用范围与场景见图4-7。

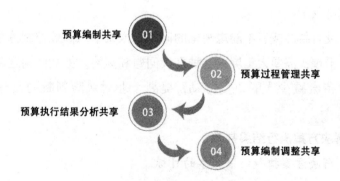

图4-7 预算管理共享的应用范围与场景

预算管理共享的本质是从预算的全生命周期视角看预算共享建设，围绕企业资源优化配置解决问题。预算的目标不是控制，而是结合企业战略优化资源配置。

1. 预算编制共享

（1）预算编制共享的目标。

预算编制共享的目标提升企业的资源配置能力和业务规划能力。预算管理的源头是预算编制，只有预算编制完成才能基于预算结果做过程控制，之后还要对预算执行结果进行分析，最后基于预实分析指导预算调整，这就是预算共享管理的全生命周期。在预算编制的过程中，财务人员一定要懂战略、懂业务、懂管理。

（2）预算编制共享的标准。

在预算编制过程中，最主要的是要统一预算科目的口径和标准。如果企业涉及多业态，其多个业态之间预算科目与核算科目可能并不一致，需要考虑如何统一口径的问题。预算科目和核算科目映射规则的统一需要顶层设计，业务、财务和管理层之间要有充分沟通。

大部分企业的预算编制都是用 Excel 软件，通过邮件或者会议确认。当预算编制版本较多时，就容易导致预算编制的混乱。最好的办法是采用任务驱动模式，即自上而下推动各个业务部门的编制，然后通过审批流程自动向上汇总，与决策层达成共识，然后下发执行。任务驱动模式可保证预算编制的主线、审批流程和最终结果不会因为版本错误导致的预算合并错误、Excel 公式变更或单元格内容改变导致的问题等。

任务驱动模式的优点在于其能适应不同的商业模式。因为在科目编制和科目映射过程中，需要对各个商业模式和业态进行解析，其结果最终会落实到预算科目或者核算科目上。高可配置的预算编制体系应适配各个业务体系，如果不适配，建议企业还是利用 Excel 软件来编制，因为 Excel 相对较灵活。

（3）预算编制共享的应用。

做预算编制一定要树立业财融合思维。如果财务对业务理解不深刻，只是照搬管理层的意图，把算出来的数据塞给业务做判断，财务人员就会沦为一个旁观者，预算编制也就仅仅是一场数字游戏。

在预算编制过程中，要做好业财场景的预测。一般预算编制都有 3 个版本，分别基于不同的假设：宏观经济很好，或者业务发展很顺利，或者市场份额逐步扩大；宏观经济没有太大变化，或者比较正常；环境特别糟糕，或者会遇到一些不可控的因素和事件。不同假设会形成不同的预算编制结果。

预算编制是一个业务与管理层之间"讨价还价"的过程。如果一套系统能够让预算编制人员做好各种场景的分析和预测，改变一些关键参数，预算结果会自动变化，那就比较省事。

（4）预算编制共享的问题。

预算编制的最大问题是财务人员是否对企业的战略方向和资源配置有深刻理解，如高层管理者会将资源倾斜于哪些业务，高层管理者的风险偏好怎样等。

业务与财务的数据差异源于业务本质和数据口径的不一致。这就需要财务人员深刻了解业务本质。这需要慢慢积累。业务人员一般只关注业务，较少关注财务细节。而财务人员把财务管好的前提是必须了解业务，这就是业财融合都是由财务人员而不是业务人员推动的原因。

2. 预算过程管理共享

（1）预算过程管理共享的目标。

预算过程管理共享的目标是提升管理能力和效率，确保在预算执行过程中及时发现问题。内控合规不能独立于业财融合体系，否则不会有任何效果。良好的预算过程控制需要基于一套良好的业财融合解决方案。

（2）预算过程管理共享的标准。

企业需要统一预算控制策略标准、预算过程管理审批标准和异常事项审批标准。

预算过程控制与企业风控策略的规划和执行有关。企业应提高预算执行的能力和效率。很多企业每半年需要调整一次预算，原因就在于要修正以前的判断或基本假设的错误。

如果发生超预算，有几种处理方式：一是走额外流程；二是通过刚性控制策略禁止业务提交单据；三是在一定范围内允许业务人员走额外流程把事情做完，后续再调整预算。企业要根据不同场景设定相应标准，避免遇到异常情况时，业务人员不知道该如何处理而影响业务的开展。

预算过程管理标准统一是指预实分析的口径和算法要统一。比如业务人员用收付实现制口径做预算，而财务人员用的是权责发生制，这是无法直接沟通的，因为从业务口径到财务口径有一个翻译的过程。做到业务数据财务化和财务数据业务化，对业财融合方案和预算全生命周期管理方案提出了很高的要求。

（3）预算过程管理共享的应用。

在预算管理中用得最多的是企业的费控管理平台。它是财务共享中心的一个组成部分，再往前扩展就是支出管理共享、资金管理共享或者收入管理共享。预算过程控制需要风险预警策略和内控合规策略的结合。

（4）预算过程管理共享的问题。

预算过程管理共享经常遇到的问题有：预算编制不够准确导致预算过程控制形同虚设，预算无法执行；控制和效率难以平衡，需要博弈。高层管理者要评估是采用滚动预算还是零基预算，既要保证业务开展、战略目标可落地，又要使财务风险可控、利润可控。对于预算过程管理的控制策略，高层管理者和财务人员都需要花时间和精力深度思考。

3. 预算执行结果分析共享

（1）预算执行结果分析共享的目标。

预算执行结果分析共享的目标是通过预实的动态分析，及时掌握企业预算执行的进度和状态，发现面临的问题，做出相应调整。

（2）预算执行结果分析共享的标准。

在预算管理过程中，管理人员最期望的是动态、可视化、自动化地实现预实分析，管理人员最需要看到在当前时点企业预算完成的情况，做到决策在线。目前企业财务人员做得最多的是静态分析，即事后的预实分析，不利于高层管理者的实时决策，这会使高层管理者认为财务人员的价值不高。

（3）预算执行结果分析共享的应用。

在预算过程管理中，对预算执行结果的分析往往基于多维度、多角度的数据。如果预算科目的颗粒度不够细，或者预算编制的维度组合不够多，会导致预算执行情况分析存在局限性。举个例子，高层管理者在预实分析中希望按照销售部门及产品线的顺序分析收入情况，即先按销售部门再按产品线看对应的收入，如果没有足够的数据标签，没有足够的数据采集维度，取数就很难。传统的事后分析模式很难支持管理者的在线决策和动态管理。

财务分析人员最大的苦恼是不得不把核算系统当成管理会计系统来用，对上述数据分析的维度和标签不够的问题束手无策。要解决这些问题，就需要数据中台的连接，通过其他系统的业务数据和财务数据来实现数据的处理和翻译。同时，数据中台还能解决滚动预算的预实分析问题。

（4）预算执行结果分析共享的问题。

财务在预实分析中对结果的判断需要与业务人员沟通，否则会不准确。在很多影响因素不确定的情况下，结论可能有失偏颇。财务人员需要把在预实分析中遇到的几种可能性提交给高层管理者，让他们思考哪里出了问题。最终分析结果对应企业资源的优化和调整。

4. 预算编制调整共享

（1）预算编制调整共享的目标。

预算调整涉及对下季度或者下半年的预算编制。要提高预算编制调整的效率和及时性。比如对下半年的预算调整，如果过了 1 个月预算还未完成，第三季度已经过去了 1/3 的时间，时效性就大打折扣，业务部门会比较着急。

（2）预算编制调整共享的标准。

预算调整的差异一定要保留，因为管理层可能会追溯当时进行调整的原因，评估调整是否合理。预算编制调整流程要做到标准化，做到预算调整留痕。

（3）预算编制调整共享的应用。

预算编制调整的版本需要做版本的维护。和预算编制一样，预算编制调整也要做场景的基本假设，如最好、一般或者最坏 3 种场景，特别是对不成熟业务板块，预算编制调整会受到战略调整等不确定性因素的影响。

（4）预算编制调整共享的问题。

有些企业的战略调整比较频繁，所以预算调整也比较频繁，这就需要关注预算调整的随意性问题。如果预算调整太过随意，过程管理就没有太大作用。在编制预算时，需要了解企业的战略和业务体系，对业务成熟度做充分预判。预算编制调整还会引发绩效考核问题。要确定绩效考核基于哪个版本，是基于调整前还是调整后的，还是综合考虑，要与管理层和业务人员沟通，达成一致。预算调整要极其慎重，调整不好会引发一些预想不到的问题。绩效考核一定要起到激励业务人员的作用，要把最好的资源给到最好的业务领域。

4.2.4　绩效管理共享的应用范围与场景

绩效管理共享管理是连接人事、业务、财务动态数据的综合价值量化输出。绩效管理共享的应用场景见图4-8。传统思想是认为绩效管理是由人力资源管理和财务部门做具体工作，再由高层管理者拍板。其实，绩效管理的方式方法非常多，因企业的商业模式、发展阶段、部门、工种不同而不同，话题非常敏感和复杂。应站在数据角度看待绩效共享建设问题。

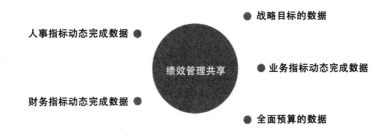

图4-8　绩效管理共享的应用场景

绩效共享的本质是连接人事、业务、财务动态数据综合价值的量化输出。绩效考核涉及战略目标数据、全面预算数据、业务指标动态完成数据、财务指标动态完成数据和人事指标动态完成数据。为什么是动态完成？因为激励一定要有时效性，如果实时激励，员工会动力不足。在绩效考核反馈方面，企业一定要从事后考核激励转变为过程考核激励。

　　绩效考核往往滞后，很多事要等到财务、业务及人事出数据以后才能做。绩效考核的数据来源主要是这3个部门，而且还跟预算、战略目标挂钩，是一个非常复杂的计算过程，见图4-9。

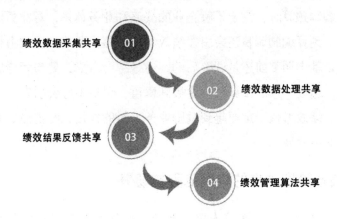

　　绩效数据采集共享　**01**

　　02　绩效数据处理共享

　　绩效结果反馈共享　**03**

　　04　绩效管理算法共享

图4-9　绩效管理共享的应用范围

1. 绩效数据采集共享和绩效数据处理共享

　　很多企业绩效考核做得不好，采取的方式简单粗暴。好的绩效考核不仅仅是物质激励，还有精神激励，如让员工获得成就感、存在感等。

　　应将绩效数据的采集和处理放在一起。因为传统模式下对绩效数据采取事后汇总方式，业务数据统一归口人事部门或财务部门计算，然后由部门领导和员工进行绩效沟通与确认。这种方式操作简单，大家也能够理解，但缺点是3个部门的数据口径往往不一致，数据来源碎片化且传递不及时，统计容易出现人为错误，数据参照的版本也不统一，导致沟通成本高，工作量大，对人的依赖程度高，为此，有些企业还专门设置绩效核算岗。绩效核算岗的压力很大，因为若业务考核出错，即便是数据本身问题导致，也经常被认为是人的问题。

　　在绩效考核中减少对人的依赖，更客观、公正、及时、准确地统一数据口径，对于考核结果服众尤为关键。企业要把事后管理转变为过程管理，在业财融合或者财务共享平台，采取数据中台的模式，在过程中对数据进行连接和翻译，生成绩效考核可用的数据，即系统采取去掉简单重复计算和统计工作的方式来处理数据，实现人机协同。这种方式获得的数据时效性高，可闭环，可追溯，统一程度高，管理层和普通员工都能实时看到绩效结果和分配结果，员工推动业务更有积极性。这种方式的缺点是建设数据中台有一定的成本，建立数据中台与各系统之间的接口也有成本，但从性价比或费效比来看，很多企业愿意选择这种动态绩效管理方式。

2. 绩效结果反馈共享

绩效结果统计完成后需要实时反馈。绩效反馈的目的不只是让员工知道自己做得好不好，更要让管理层思考这套绩效考核规则是否起作用。企业要对绩效算法和绩效策略不断地进行迭代。事后绩效反馈方式虽然操作简单，但是响应慢、周期长，容易受人为判断的影响。如果采取过程反馈方式，系统能够快速、准确地计算出绩效结果，而且通过不断修正算法，绩效考核制度和考核策略会更加优化，让员工有更多的获得感、存在感和成就感。这种方式的缺点在于对企业的精细化管理要求非常高，不仅涉及对员工的行为、动作或者业务的量化统计，对工作质量的量化，还涉及绩效考核的算法和规则，这是对管理层智慧的考验。

3. 绩效管理算法共享

（1）绩效管理算法共享的目标。

绩效考核的算法尤为重要。每家企业都有不同的激励模式和规则，不同的业务特点、业务背景和成熟度都需要不同的算法，绩效管理的算法具有多样性而且需要不断调整。这就要求系统能够适应这种变化，代替人工完成这种简单重复的劳动，把员工解放出来做更有价值的事情。

（2）绩效管理算法共享的标准。

一是制定绩效算法的校验标准。算法标准是由业务决定的。为了保证算法的准确性和结果的可验证性，需要做一些校验规则。这非常重要，因为涉及对人的物质与精神激励。缺乏对绩效算法校验而导致的错误，要花很多时间和成本弥补。

二是制定算法的审批标准，即检验绩效算法是否有效，结果是否达到期望值，费效比是否最优，是否容易执行。

三是算法的迭代也要有一套标准和制度。要建立一些非量化指标的量化标准，特别是对一些质量指标、描述性成果，要考虑如何转化，映射的标准是什么。

（3）绩效管理算法共享的应用。

数字化时代，企业组织趋于扁平化，采用小前台大中台模式，业务人员可充分利用这种决策机制自主决策，基于市场变化做调整，对应的绩效考核非常灵活，考核维度也非常多。对于阿米巴团队的绩效考核，考核指标拆得很细，经营分析的内容和管理报表的数量会激增，所以在算法方面，如果不靠系统解决，仅靠人工是很难支撑这种体系的。

越到绩效考核这一层，企业就越会认识到数据驱动运营与数据驱动绩效的重要性。如果脱离量化标准而靠人的大脑去评判，这种主观性会导致一些偏差，而且人的运算速度远低于系统，面对激增的数据量，运算速度就成为制约绩效考核的瓶颈，考核结果滞后在所难免，员工的士气或因此大受影响。

（4）绩效管理算法共享的问题。

绩效算法共享会遇到的问题涉及非量化指标、长期激励与短期激励的结合。过分强调短期激励，会导致员工的短期行为，伤害企业的长远利益。比如，业务人员为了提高业绩，会拼命地压货，或采取一些不良手段达到短期到款指标，这种上下游串通的"到款"，客户退货率较高，企业必然遭受损失。

设计绩效考核激励方案时，要综合考虑内控规则及激励措施。如果企业对短期激励偏重，风险控制策略上就要有所侧重，特别是对突增的业绩要特别重视，要反向思考内控合规和业务的风险控制。任何管理维度都不是割裂的，企业在设计绩效考核规则时要充分考虑长期绩效和短期绩效融合的问题。

4.2.5 经营分析共享的应用范围与场景

1. 帮助管理者解决的 3 个重要问题

企业都非常重视经营分析，购买了很多 BI 分析工具，希望通过经营分析发现问题和挖掘数据的价值。企业在搭建经营分析体系时，不缺公式，也不缺工具，缺的是思维。所以下面不讲具体的工具，重点讲容易被企业忽视的问题。

1）经营分析共享等于 BI 吗？其实，BI 解决不了"垃圾进和垃圾出"这一问题。很多时候，决策者拿到 BI 分析结果是不敢做决策的，因为这些数据来源不可控、质量不可控，而且是事后而非过程中的数据，决策者无法做到决策在线。如果企业不能控制数据的来源和质量，经营分析就如同鸡肋，食之无味，弃之可惜，只是好看，但并不解决问题，甚至还存在误导风险。

2）高层管理者不看经营分析报表的主要原因是它仅是事后分析。当高层管理者做决策需要数据支撑时，看不到数据，往往在做完决策后才看到报表。而这时，报表中的信息管理者已经知道，不用再看了，管理者已经要承担自己决策失误的风险。

3）财务人员提供的经营分析如果脱离业务，高层管理者也是不会感兴趣的。财务负责人应该从军师或者商业合作伙伴的角度为高层管理者排忧解难，帮助高层管理者分析他们看不到的问题。如果财务人员没有站在业财融合的角度发现和解决问题，只是分析一些常见的财务指标，如速动比率、流动比率、资产负债率，等等，不关注高层管理者希望解决的问题，只是为了分析而分析，其实是把"脏"活、累活抛给了管理者。经营分析的核心在于翻译数据，发现数据背后的问题，挖掘数据背后的价值及其相关关系，为高层管理者提供对决策有用的动态信息，而不只是提供数据。数据翻译能力比算力更重要，因为算力问题很容易解决，而对于业务本质把控的难度往往高于算力。计算结果只是一个参照，但数据背后的意义才是经营分析的真正目的。

2. 经营分析的高阶目标

经营分析的高阶目标是运筹帷幄、明察秋毫和决策在线。

所谓运筹帷幄，是指让高层管理者通过可视化工具看到数据的走向后做出决策。正如前面反复强调的，数据来源和数据治理的过程尤为重要，只有做到这一步，高层管理者才会对自己的决策和判断有信心。数据分析要及时，否则管理者不会关注。

高层管理者发现偏差会一查到底，这就是明察秋毫。如果数据是个闭环、可追溯，高层管理者就能层层穿透，发现问题。高层管理者的管理既基于微观也基于宏观，二者是相互结合的，基于微观发现异常，基于宏观发现趋势。

如果经营分析够推动高层管理者决策在线，决策就会有质的改变。如果高层管理者对数据有足够的自信，能够对数据背后的问题进行判断和解析，财务人员也提供了深度分析信息，再结合管理经验进行决策，反应比竞争对手快，那么企业就能掌握市场先机。

3. 实现高阶目标的方案

业财融合或者财务共享并不能"包治百病"，但它是解决所有问题的基础。如果没有业财融合这个理念做指导，经营分析基本上是没有价值的，财务的价值也没有体现出来，财务人员就只是一个价值记录者。

如果企业通过数据中台连接、处理和翻译数据，修建起数据流动的高速公路，做好数据的采集、处理、分析和呈现，并可以从多角度、多维度分析问题，财务人员的工作就不仅仅是财务了，而是要成为数据整合大师或者数据管理大师，这样才能真正帮助企业创造价值。所以财务人员要把自己的定位定得高一些，知道应该往哪个方向努力，而不是囿于财务的边界做事。如果财务人员不跨界，机器人会替代财务人员完成越来越多以前由人工完成的工作，那么届时财务人员做什么？这是财务人员要深入思考的问题。

 **业务共享**

4.3.1　业务共享的范畴与应用简介

业务共享是通过连接客户和供应商，把分散的需求与服务能力进行优化配置，打破业务边界，更好地提升协同效率，为客户提升价值。

业务共享的重要性毋庸置疑。在共享财务管理的架构中，业务共享处于突出位置。企业的所有服务和管理都围绕业务展开。如何围绕业务展开共享服务，提高业务的效率，是企业最为关注的话题。前面章节论述的财务和管理都立足于企业内部效率、管理和风控质量的提升。业务共享更多涉及与外部资源特别是客户和供应商的协同，做资源优化的配置，目标是以客户价值最大化为核心，保证企业业务的正常开展。

业务的共享平台涵盖几个重要的细分领域，比如销售管理共享、项目管理共享、生产管理共享和供应链管理过程等。本章节重点站在数据全生命周期的角度，讲述几个重要细分领域所对应数据的采集和处理、业务间的数据流动，以及业务与管理之间的协同和互动场景。

1. 业务共享的特征

业务涉及的环节较多、周期较长，参与方和协同方也多，比如客户、渠道、供应商及其他合作伙伴。对于在线服务行业，如电商、在线教育、在线众包服务等，交易频次高，数量多，数据量大。业务共享平台架构见图4-10。

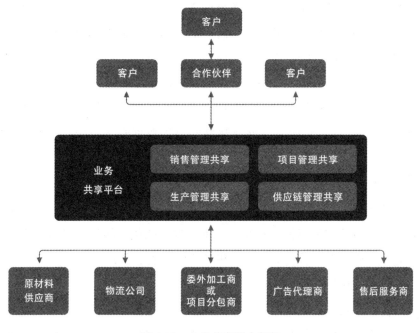

图4-10　业务共享平台架构

业务共享能够带来规模效应，实现业务的标准化、流程化、数字化、去人工化，把人从简单重复的工作中解脱出来。所以在设计业务共享方案时，不仅要考虑人员和组织的集中，还要考虑人机协同能力，提高整体业务效率。

协同就是通过连接外部资源实现对外部信息和数据的共享和同步，以提高内外部衔接的效率和协同效率。企业所处行业不同，共享的侧重点也不一样。只有做好数据在内外部之间的流动，业务效率才会提升，风险控制才会更加完善。

2. 适用的企业类型和目标

业务共享管理适用于各种规模的企业，只是中大型企业效果更为明显。业务共享适合的企业类型和目标与财务共享管理基本一致。

4.3.2 业务数据采集与处理的应用范围与场景

1. 业务数据采集规划

业务共享管理最重要的就是数据的采集和处理。数据的采集和处理不仅涉及企业内部，还涉及外部，因此，需要做好主数据和业务数据的设计和规划，包括领域、维度、标签和状态。前面讲过，数据状态在系统间的传递若靠人工，会导致流程效率非常低，客户满意度低。

数据采集的颗粒度要结合数据使用者对业务的把控程度和算法的需求程度反向确定。在 5G 时代，通过物联网采集数据成为可能，其效率肯定明显优于人工，而且数据的纯度和时效性也非常强。

自然语义识别技术如语音识别，视觉识别技术如 OCR 识别，摄像头识别技术如人脸识别，都可以很清晰地界定人和物品的 ID，以及一些其他数据特征。这些技术能够把一些非结构化数据结构化，然后通过接口提供给软件处理。后续案例分析会重点分析硬软结合的业务共享方案。

2. 业务数据处理规划

业务采集规划要跟企业的数据处理挂钩，数据处理要跟企业的整体战略挂钩，那么如何利用数据更好地服务客户、优化服务客户的算法，都是企业管理者要思考的问题。

在数据处理规划层面，如何让数据处理更高效，怎样减少人的干预，如何将常规性的问题交给机器或者系统处理，把人解脱出来，需要作为一套体系和架构思考。

在数据治理或者数据处理的标准上，要保证企业对数据的自信程度，做到数据源头可控、管理过程可控、呈现可控。如果数据治理做得非常好，再加上正确的分析方法，高层管理者才敢做在线决策。

数据的处理方式分为人工处理、系统处理和人工加系统处理。异常时数据的处理规则是整个业务共享体系设计要重点考虑的问题。业务专家和有经验的管理者都能够很清晰地设计出业务流程方案来，但在业务流程的背后，对数据流程的设计、数据的采集和规划往往会被忽略。企业需要弥补这个缺陷。

4.3.3 业务之间数据流动的应用范围与场景

业务的复杂程度是由业务流程各个环节的紧密程度决定的。业务之间的数据共享包括内部和外部每个环节的数据共享。需要把一颗颗珍珠穿成一条项链，让其价值最大化。

保证业务间的数据流动，需要考虑以下几个问题：业务间数据状态的传递和数据间接口的规则；数据传递方案的选择，比如异步还是同步；数据的翻译和处理规则，如数据的传递口径及数据向下流动的触发条件等。

例如，销售订单生成后，传递到生产端就生成派工单，派工单再触发生产计划，这就是销售和生产间的管理互动。对于项目型企业，销售订单生成后，会涉及项目的全生命周期管理。从项目立项开始，然后是项目的任务安排、进度管理、发票管理、回款管理及绩效考核等，这一系列任务的触发源头是销售订单。如果企业是以销定产，销售订单还会触发采购清单的分解，产生原材料采购订单，以及相关配套的采购，后续还涉及原材料入库、出库，在产品和产成品的入库及发货。如果涉及委外加工，还有一些其他和供应链相关的协同，也是由销售订单触发。

围绕业务共享管理，业务各环节之间通过数据的传递和流动才能真正解决效率问题，而不是靠人。人经常犯主观错误，比如项目编号或者项目名称，员工可能会写错、写漏，或者书写的格式不正确。人为错误会导致数据传递出现偏差，进而使统计出现偏差、衔接出现偏差，修正成本会非常高。所以财务人员在设计这套体系时，尤其要考虑业务间数据共享与数据驱动的问题，做到人机协同。

很多人认为ERP已经解决了数据的流动和驱动问题。ERP的缺点在于过度强调自动化而弱化了过程管理与控制。ERP的鼻祖是SAP，最初是为西门子服务。西门子是一家制造业巨头，SAP的所有流程都围绕制造业的自动化体系打造，过分强调自动化而弱化了过程管理，并且侧重制造业和零售业。SAP的局部数据流动和数据自动化做得非常好，业务间的衔接也非常好，但是从企业管理的全生命周期来看，SAP非常贵，导致一般企业只购买局部模块，这就需要把没有进入SAP的数据与SAP对接起来，这非常难。比如对销售的过程管理，整个售后客服的管理就不是传统ERP能解决的。很多互联网公司将ERP当成一个核算系统来使用，围绕该系统开发了很多业务系统，先基于业务系统产生的数据生成凭证，再传到核算系统，所以该ERP无法适应新兴业务形态。ERP不能适应业务多元化、组织扁平化、响应快速化，以及业务全生命周期定制化的需求变化。ERP存在的问题在于业务逻辑和代码逻辑高度耦合，业务逻辑发生改变，就涉及代码的改动，定制成本非常高。传统ERP的问题应该怎么解决？应通过前面章节反复提到的业财融合或者数据中台来解决。

4.3.4 业务与管理协同互动的应用范围与场景

管理是服务和指导业务的，要对业务风险进行控制。在业务与管理资源协同互动时，管理要融入业务场景闭环。业务的最小颗粒就是场景，管理的问题都可以在业务场景闭环中找到答案。业务场景不局限于绩效考核、全面预算、内控合规和经营分析，还会涉及客户的需求。当企业把每个客户的需求场景量化，为客户提供数字化服务，就会清楚提供哪些资源快速响应客户的场景化需求，如此，企业的服务边界就得到扩展，客户对企业的认同感和信任感也会增强。

4.4 应用案例

4.4.1 基础案例：项目型企业从线索到回款（L2C）的管理

前面讲了很多理论知识和共享财务的方法论。这个章节讲一个基础案例，把财务共享、管理共享和业务共享 3 个方面融合在一起，解决企业的实际问题。

1. 案例简述

（1）案例背景。

蓝斯股份是一家新三板上市公司，主要开展智能公交系统中的智能出租、智慧客运和智慧物流业务，是一家典型的硬软结合的公司。其生产的物联网设备包括 GPS/北斗车载设备及运力调配平台，用于定位公交车的位置，帮助公交管理公司对交通拥堵及其他路线异常情况做出及时响应，以实时调配运力，支撑城市的公交运营。这是智慧城市解决方案的组成部分。

蓝斯股份既生产硬件也生产软件，销售过程比较复杂。公司遇到的最大问题是管理跟不上业务的快速发展。在国家"十四五"规划中，数字中国建设是重点，各地对智慧城市的建设需求也越来越大。而蓝斯股份仍采用比较传统的方式，即通过 Excel 加纸质文档在做业务的管理与协同，不能满足公司的发展需求，而且因为数据的时效性不足造成公司绩效考核周期很长、计算不准确，影响了团队的士气。

公司领导层需要做一套共享体系，解决绩效考核算不准、算得慢及影响士气问题。

（2）问题分析。

1）驱动因素。绩效管理可归类为管理共享，这是管理层比较关注的问题。企业应反推是哪几个方面影响了绩效考核。先看企业属于哪种类型。蓝斯股份是一家项目型企业，项目是其业务的源头。公司的项目是按照一个城市一个项目来开展，而且是为政府或者国有公交集团服务，属于定制化项目——因为每个城市对公交运力的调度及智慧城市的建设需求是不一样的。

2）数据来源。公司的数据来源是人工录入或者邮件传递，采用 Excel 或者纸质文档形式，这必然引发数据的碎片化、数据口径不一致、时效性及人为错误等问题，导致成本极高。

3）数据连接与处理。项目多方协同，环节多，数据人工干预多，不能自动处理和同步，导致耗费大量人力和物力做手工的数据处理，业务、财务、绩效考核数据都受影响。

对于蓝斯股份这种典型的项目型企业来说，传统的 ERP 或 OA 系统都解决不了企业面临的以上问题。

（3）方案设计思路。

传统的 OA 系统和 ERP 只能解决流程和局部数据流动问题，不适合既有硬件生产，又有安装服务，还有软件实施的综合性硬软结合的企业。这就需要一个比较灵活的、高可配置性系统赋能企业。需要从财务共享、管理共享和业务共享这 3 个层次考虑解决上述问题。

1）财务共享领域。财务需要与业务的数据同步，项目台账、合同台账、对账的数据、开票数据、到款的数据及进销存的数据要连接，要按照业财融合的思想，达到数据连接的同步。

2）管理共享领域。激励的时效性不足是绩效考核的痛点，只有业务、财务和人事数据同步，才能够保证数据口径一致、计算准确、时效性强，才能真正起到激励员工的作用。

3）业务共享领域。业务共享是核心，把企业的销售管理、项目管理、生产管理和供应链管理据连接起来，再与财务、人事数据共享，才能把绩效算准。

4）用数据中台的方式实现财务共享、管理共享和业务共享。蓝斯股份管理共享的核心框架见图4-11。

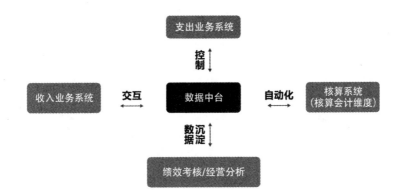

图 4-11 蓝斯股份管理共享的核心框架

数据中台就像路由器一样，起到连接、处理和翻译数据的作用，再通过分析实现绩效考核在线。数据中台一定要连接项目管理、销售管理及生产管理系统，支出部分涉及供应链管理，后面再与用友 U8 核算系统对接，自动生成凭证。

数据在中台沉淀时，可以产生不同维度的数据，用于绩效考核和经营分析。只有以数据中台模式切入，才能做好企业的实时绩效考核。绩效考核不可能仅依靠单方面的数据或者人工从不同方向和不同体系抓取的数据，这会导致数据口径不统一或者人为因素引起的理解错误。

如果把上述 3 种数据共享在一个数据中台来解决问题，会起到非常好的效果。传统上，很多企业在做绩效考核时只用一套 HR 系统，但绩效考核涉及非常复杂的业务、管理、控制和财务算法，一套 HR 系统显然很难满足需求。

（4）方案设计蓝图。

蓝斯股份的管理共享设计蓝图见图 4-12。图左侧是对公司经营业务和生产业务的分析，从项目开始一直到结算；右侧是绩效考核的算法；中间就是需要提炼出来的绩效考核需要用到的共性参数。提炼共性参数的过程中需要从左侧的业务平台取值，只有获得这部分数据才能进行绩效考核的运算。

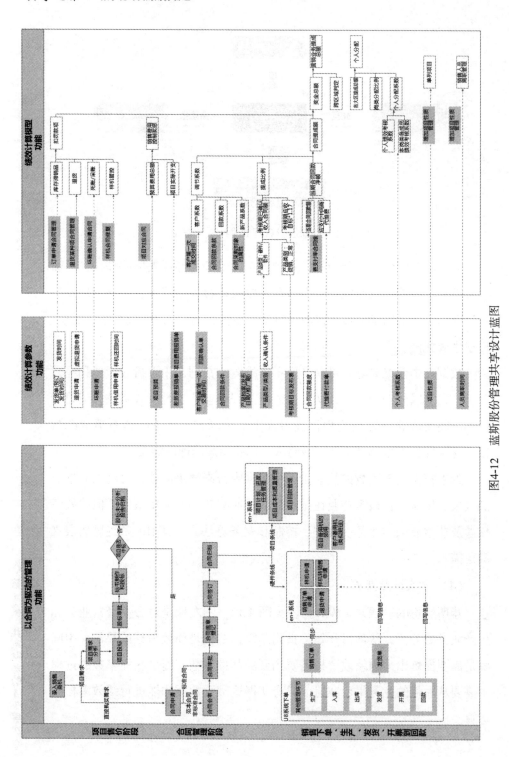

图4-12 蓝斯股份管理共享设计蓝图

接下来看绩效计算的模型。作为一个硬软结合的公司，其绩效模型是比较复杂的。例如，要考虑存货状态，一是看销售的是滞销产品还是新产品，如果销售人员没有销售老产品而导致产品滞销，要有一定处罚规则；二是看是否有退货、坏账，以及是否有样机，如果样机送出后未收回，要把样机成本转为项目成本。这些都是绩效考核需要考虑的扣款事项。

对于项目的预算管理，项目支出要受项目预算总额的控制。项目执行时，对超支和节约的奖惩要体现在算法里。

另外一个维度是客户。客户是新客户还是老客户，客户的回款比例是多少，合同采购了多少新产品，要有对应的调节系数；还要看客户购买的是硬件还是软件，还是两者都有，收入确认的比例要与提成比例对应。

从财务和税务角度，还要考虑税金比例、回款额度及中间代理商的费用，然后计算出提成额和奖金的总池子。

从组织架构层面，还要根据所在区域计算提成总额，然后分配到各个大区，再根据个人的绩效和岗位系数计算个人的提成。

数据来源、取数规则和算法有较多维度，颗粒度也很细，比如要考虑各项业务的状态，比如回款状态、回款比例等，这就增加了判断的难度，也增加了算法难度。如果把这些考核制度规则化，由系统来判断和计算，那人就可以解脱出来。方案设计者需要反向提炼绩效考核的算法和参数，同时分析需要哪些数据参与考核的计算。

可以界定很多考核参数，如发货单、发货时间、退货单、退货时间、坏账申请流程、样机的借用申请、样机的归还时间、差旅报销，客户档案、客户回款、合同条款、合同进度、产品档案、产品的推广日期、产品的类别、绩效考核日期、项目的回款额度、代理商的支付状态、支付金额及销售人员的系数，等等，都可以作为需要计算的数据的依据。当分解出需要的参数后，就要考虑然这些参数的取数来源。

2. CRM 管理

CRM 管理系统见图 4-13。

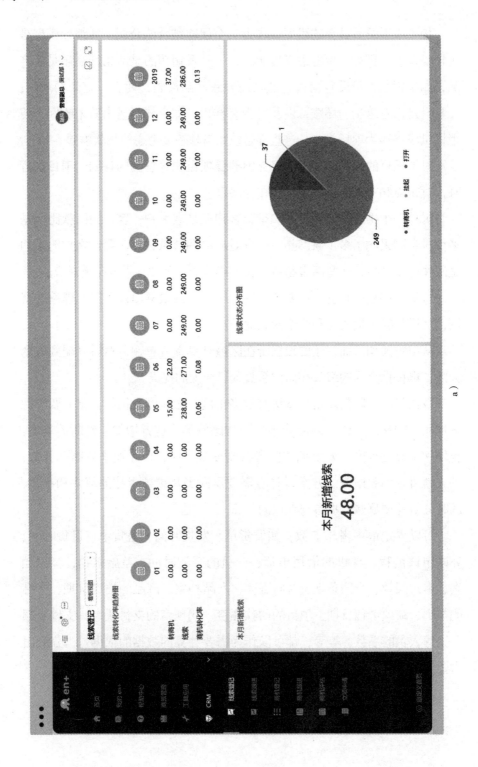

a）

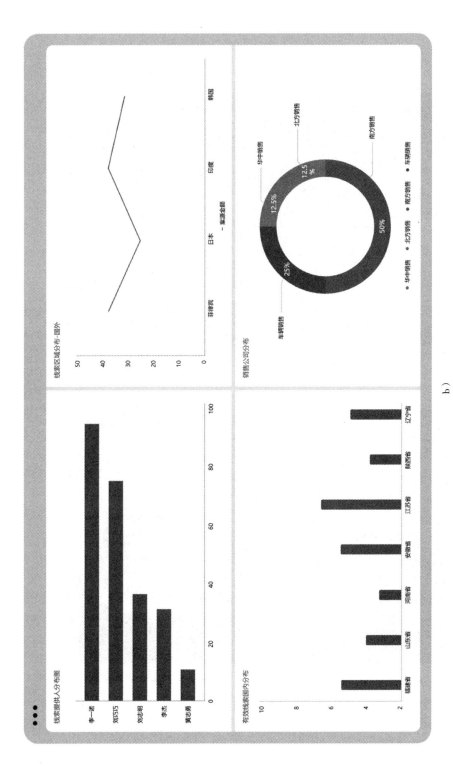

b）

图4-13　CRM管理系统

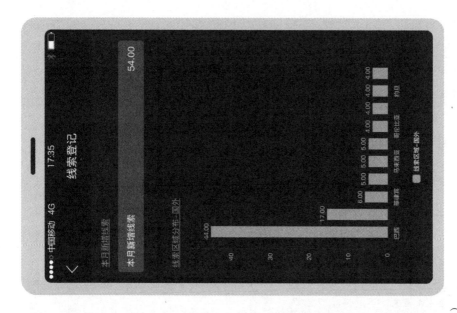

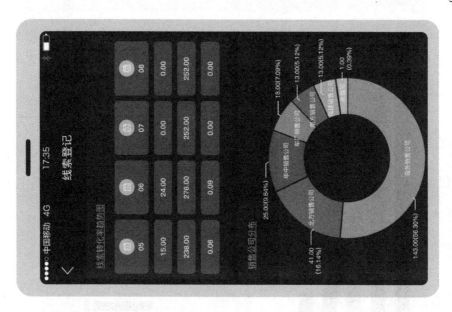

图4-13 CRM管理系统（续）

c）

作为一家项目型公司，数据的源头一定是作为项目开始的线索和商机。在录入商机数据以后，要对项目立项进行分析，如是否需要做招投标准备，招投标的资料是否齐全，是否需要做额外审批，标注是否规范，招标档案有没有归档等。如果中标，就进入合同签约流程，这就涉及采用范本合同还是非范本合同，合同的审批、盖章及快递归档等。

通过图 4-13，可以看到负责商机管理的销售公司的分布，线索人员的分布，区域的分布，可以点击后穿透查寻相关明细。这些数据不仅可以在移动端查看，还可以在 PC 端查看。比如项目立项要提交哪些单据，项目结算要提交哪些单据，用单据的这个数据载体，就可以去管理项目。

3. 项目管理和财务管理系统

项目与财务管理系统见图 4-14。

合同归档后，需要用数据中台搭建项目的任务管理体系、项目成本控制体系及项目的合同回款体系。相关数据需要通过数据中台做一层翻译，同步给用友 U8。U8 是一个 ERP 系统，管理着生产、供应链、入库、出库和发货的数据，U8 的数据同步到数据中台后，会把这些数据继续往下传递，并连接回款信息、售后维修信息、项目验收信息等。

每张单据的数据关联关系是预先配置好的，比如所有项目的申请、项目指标、项目关键字段、项目合同信息、项目完工时间，以及项目变更记录和交付记录，都可以同步和关联展现。一个项目的 ID，可以串联该项目的很多相关信息，比如项目的基本情况、合同情况、报销情况、开票情况等，把它们关联查询组合在一个表单中，方便企业实时查看。数据连接以后，数据中台根据企业的管理诉求组合成各种类型报表，不受数据维度、标签和人的物理极限的限制。在这个共享体系里，由于数据维度齐全，企业管理人员可以做各种类型报表的配置。

4. 绩效管理系统

绩效管理系统见图 4-15。

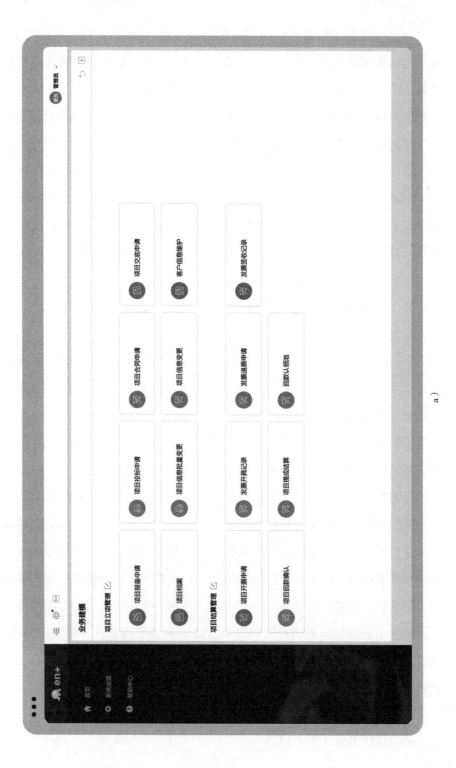

a）

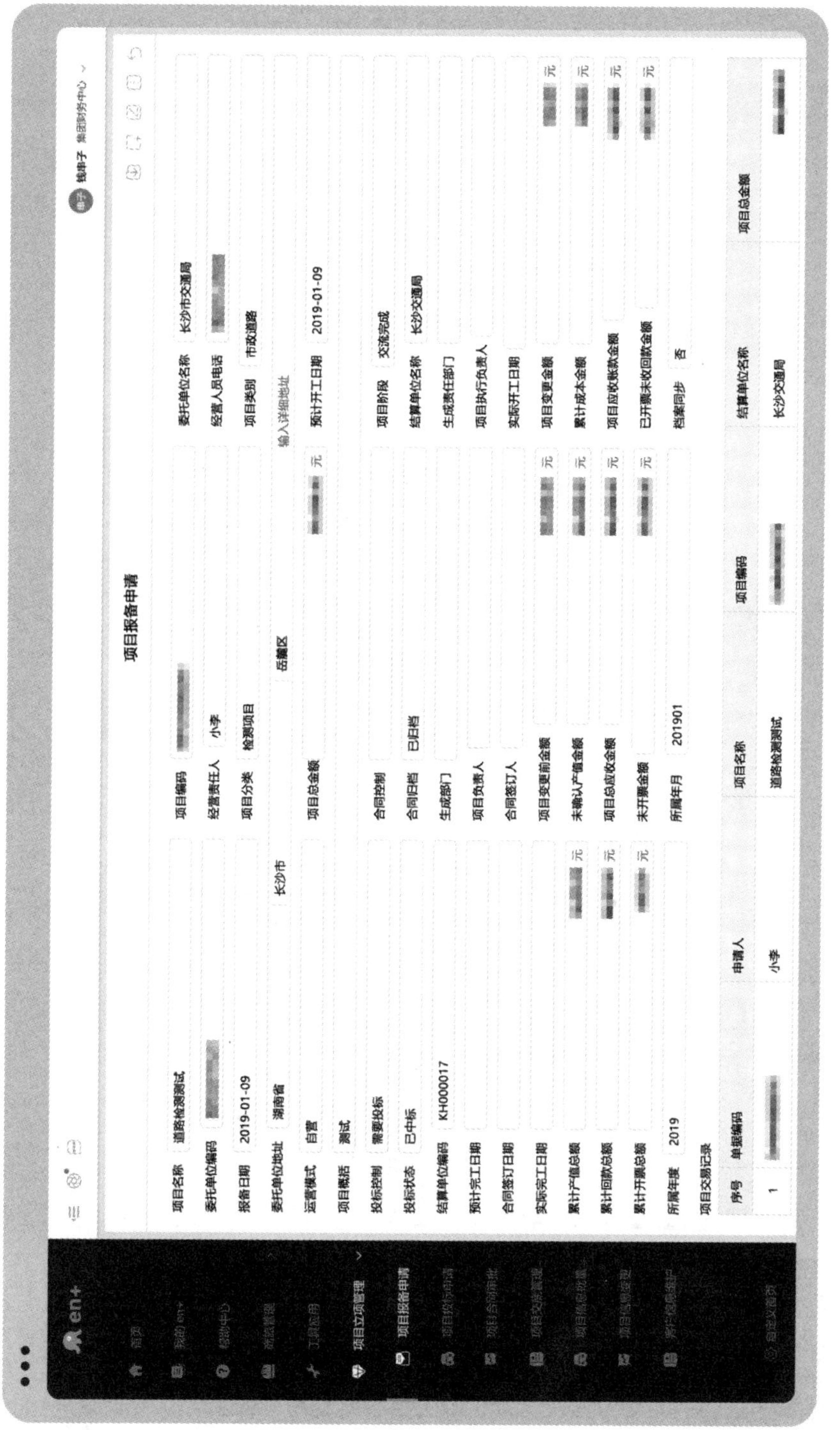

图4-14 项目与财务管理系统

b)

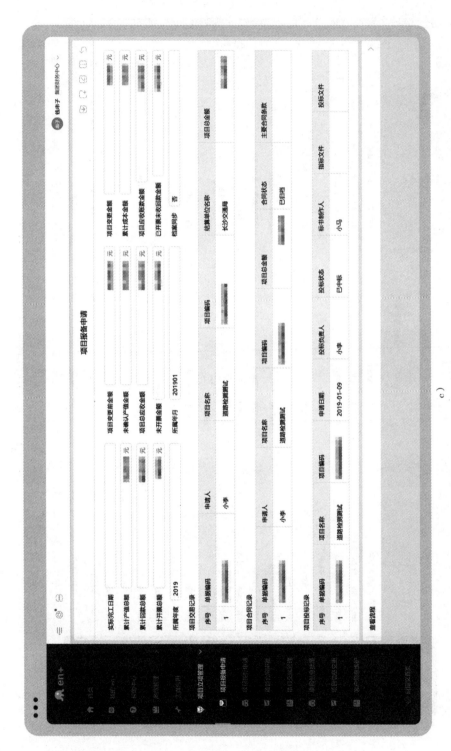

图4-14 项目与财务管理系统（续）

c）

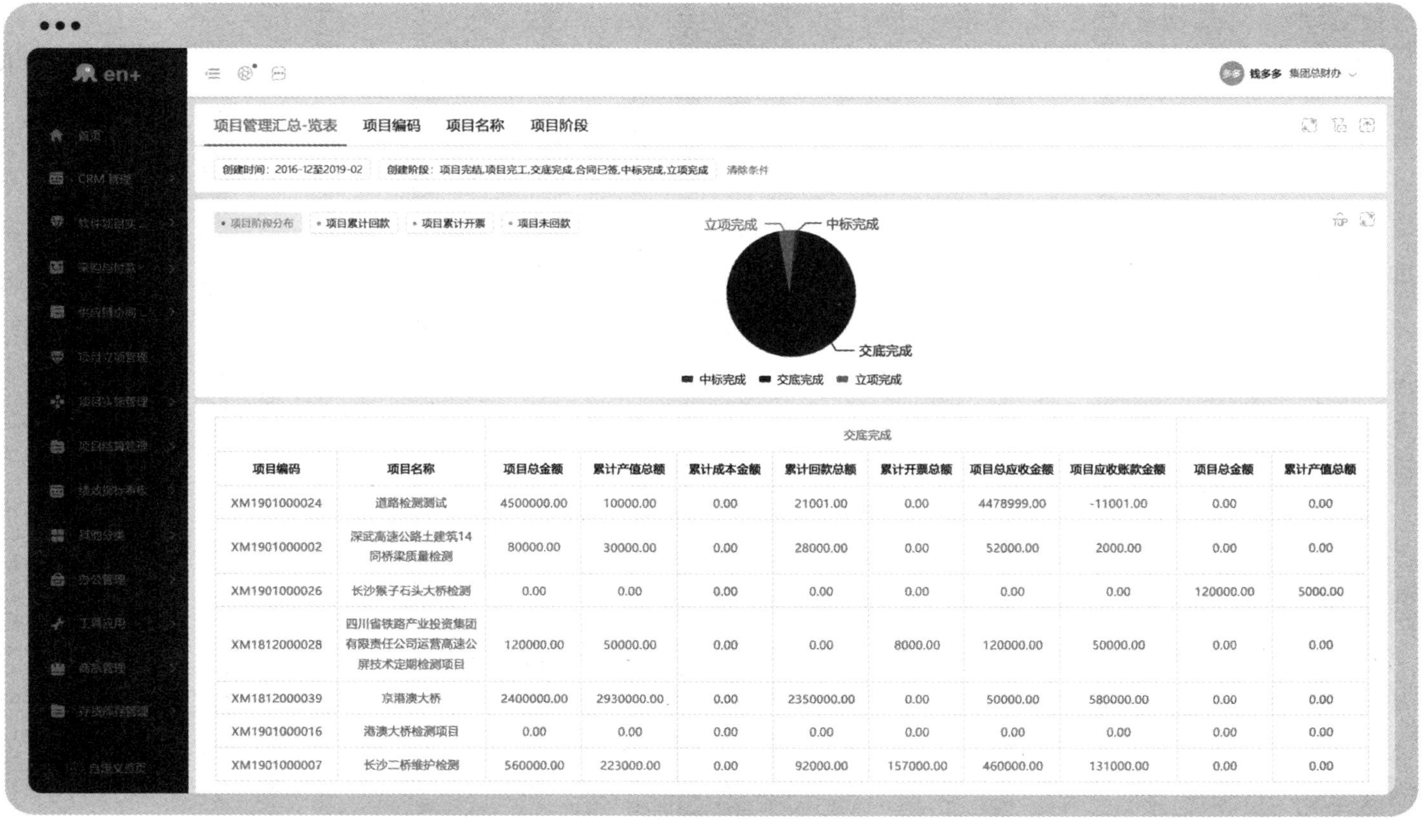
en+
钱多多 集团总财办
项目管理汇总-览表
项目编码
项目名称
项目阶段
创建时间：2016-12至2019-02
创建阶段：项目完结,项目完工,交底完成,合同已签,中标完成,立项完成
清除条件
项目阶段分布
项目累计回款
项目累计开票
项目未回款
立项完成
中标完成
交底完成
中标完成 交底完成 立项完成
交底完成
项目编码 项目名称 项目总金额 累计产值总额 累计成本金额 累计回款总额 累计开票总额 项目总应收金额 项目应收账款金额 项目总金额 累计产值总额
XM1901000024 道路检测测试 4500000.00 10000.00 0.00 21001.00 0.00 4478999.00 -11001.00 0.00 0.00
XM1901000002 深武高速公路土建筑14同桥梁质量检测 80000.00 30000.00 0.00 28000.00 0.00 52000.00 2000.00 0.00 0.00
XM1901000026 长沙猴子石头大桥检测 0.00 0.00 0.00 0.00 0.00 0.00 0.00 120000.00 5000.00
XM1812000028 四川省铁路产业投资集团有限责任公司运营高速公屏技术定期检测项目 120000.00 50000.00 0.00 0.00 8000.00 120000.00 50000.00 0.00 0.00
XM1812000039 京港澳大桥 2400000.00 2930000.00 0.00 2350000.00 0.00 50000.00 580000.00 0.00 0.00
XM1901000016 港澳大桥检测项目 0.00 0.00 0.00 0.00 0.00 0.00 0.00 0.00 0.00
XM1901000007 长沙二桥维护检测 560000.00 223000.00 0.00 92000.00 157000.00 460000.00 131000.00 0.00 0.00

图4-15 绩效管理系统

绩效考核需要依托算法来实现。这是一个"先终后始"的反复过程。设计方案时，先有绩效考核的算法目标，然后拆解该算法需要的数据，再到业务环节中取数。方案设计好以后，要验证业务数据能否正常提取和传送，能否送达数据中台，数据中台算法处理完后计算绩效。

以上就是整体框架的分析流程。这张设计蓝图其实就是一个对业财融合方案的梳理和对应数据的梳理。需要归纳和提炼所有绩效考核数据、每个业务环节和业务状态要传递的内容，只有传递判断齐备了，才能满足后面的绩效运算需求。

配置出的报表根据不同的维度可以进行切换。根据项目的阶段、名称、回款进度等，报表可以任意组合和穿透，就像数据透视表，可以不断地按照不同的维度去分析。员工的绩效考核依托项目的实现效果，把数据穿透能力使用起来以后，就可实现共享。因为所有的数据都只有一个入口、在一个平台上，所以只有一套数据，不存在人为干预，大家基于一个数据源、不同的数据维度、不同数据角度获取自己需要的信息。所有信息的来源都是可查询、可追溯的，都由数据中台做连接、处理、翻译和转发，能满足企业各方面的需求。企业的共享财务管理是一个不断梳理、讨论和博弈的过程，直至达到目标。

5. 分阶段实现方式

蓝图设计完成以后，需要从企业的现状出发分阶段实施。大部分数据的采集和处理都是纯手工操作，除用友 U8 系统外，其他数据都是靠 Excel 和邮件传递。

第一步，搭建基于项目的 CRM 销售管理体系。这是一个从项目线索到回款的全生命周期的管理，必须追踪和记录清楚。

第二步，搭建基于项目的全生命周期的管理体系。这需要财务、业务和绩效管理三方同步。

第三步，搭建数据中台。数据中台要与 CRM 管理体系、项目管理体系及 ERP 系统对接，做数据共享。

第四步，搭建人事管理系统。从人员的入、离、调、转功能开始，对人员的职级、个人考核系数及绩效划转做取数规则的确定。

第五步，搭建一套算法规则。将绩效考核算法实时地与业务、财务和人事的数据对接，做到动态结果实时可视。

总的来说，我们把财务、业务、管理3个共享加以融合可以做到业财融合。通过数据中台把数据连接起来，很多原来不可能或者无法解决的问题就迎刃而解。同时，解决问题的角度并不限于功能层面，更注重数据和算法层面。功能层面的划分只是出于方便企业管理和业务开展的考虑，真正的核心是功能背后的数据及其流动。企业应该站在数据的角度去解决共享问题。如果财务、业务、管理的数据是连接、实时和可信的，管理效率就一定能提高，高层管理者就可以做到决策在线。

4.4.2 综合案例：智联招聘收入中台管理

1. 问题分析

智联招聘大家都比较熟悉，2014年在美国上市，2018年退市，并准备在国内上市。

智联招聘的业务比较复杂，表现在：分/子公司多；回款形式多，既有B端的业务回款，也有C端业务回款；使用的支付方式和通道多，包括银行、微信、支付宝还有Apple Pay；交易量大，每月平均有10万笔回款；销售人员多，有3000多名销售人员。智联招聘每个月要基于回款进行绩效核算，回款认领和对账压力都很大。对智联招聘面临的问题进行分解，见图4-16。

智联招聘回款认领和绩效考核的问题较突出，即回款认领低效无序。回款都通过邮件或者电话确认，21名应收会计需要面对3000多名销售人员，每天几百封邮件，不仅回款确认不及时，而且认领成本和沟通成本极高。这造成财务团队负担很重，月底计算绩效时经常通宵加班。

同时，绩效管理不完善，不能实时进行绩效核算，再加上销售政策和销售组织结构变化较频繁，比如对同一区域不同销售人员的合作、两个区域的销售合作的获客、总部为分公司的获客，以及分公司为总部获客等业绩的计算与划转政策变化较快，导致绩效分享机制很难落地。绩效的划转是一个比较复杂的体系。如果绩效划转规则不统一或不清晰，绩效分摊就不均，绩效计算就缺乏数据支持，绩效考核就会流于形式，影响团队士气。

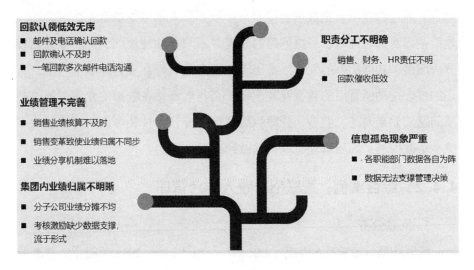

图 4-16　智联招聘问题分解

在绩效考核的职责分工方面，销售、财务、人力资源责任不清，不清楚到底由谁来提供绩效数据。

在回款催收效率方面，各部门都有自己的系统和数据，且数据不同步，无法流动，沟通成本极高，无法支撑管理层的判断，管理层都在"拍脑袋"决策。

2. 方案设计和实施

方案设计目标为：建立一个智能化的销售与收款管理平台，连通银行、CMP、Oracle 系统，实现回款信息、合同信息的自动同步、自动回款匹配认领、自动划转业绩、自动记账、自动生成销售及收款管理各类口径的报表，以其彻底改观财务人员低质低效重复对账工作的现状，提升销售与收款管理的质量与效率迫在眉睫。这就要做到回款认领智能化、业绩划转自动化、退款流程标准化、数据一体化。

面对上述一系列问题，第一步，需要从最基本的痛点开始，即从数据量大、交易频繁的问题着手，核心是回款；第二步，解决回款认领问题后，自然会触发绩效计算的核心——绩效划转；第三步，梳理退款流程，虽然退款比例不高，但是 10 万笔订单的基数下。绝对数量也很大；第四步，将数据同步到数据中台，让管理者直观地看到数据，帮助其决策。这就是项目规划的 4 个阶段。

项目目标是要建立一个与回款自动匹配的收款管理平台，从收款管理开始，延伸到绩效管理及各种收款口径的管理报表，再延伸到基于收入一体化的数据平台。从整个解决方案的设计框架来看，上层和下层是内部的核心系统，中间层是收入中台管理系统。收入中台管理系统架构见图 4-17。

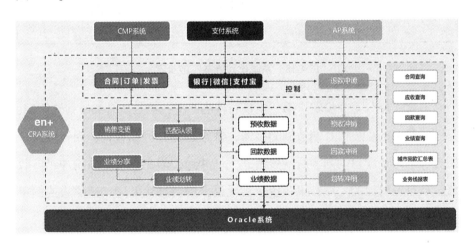

图 4-17　收入中台管理系统架构

首先，对回款数据进行匹配。根据合同、订单、发票及销售的变更和业绩划转的规则，将合同与回款做匹配，再与绩效的算法和规则相匹配，然后计算并划转绩效。回款如果涉及退款事项，要处理一些财务细节，如预收的冲销、回款的冲销、绩效划转的冲销，以及绩效考核的调整。在图 4-17 左侧的 CMP 系统中，合同系统与相关业务数据共享。中间部分是与财务相关的回款的数据共享，同时与业务数据匹配。右边的

AP 系统（应付系统）是退款申请及后续收入的冲销体系的数据共享。最右侧是管理共享，这些可供查询和可视的数据是为管理决策服务的。收入中台其实融合了业务共享、财务共享和管理共享的诉求，体现了基于收入或者业务核心层面的数据的同步和数据一体化的方案设计。

系统设计方案实施步骤见图 4-18。

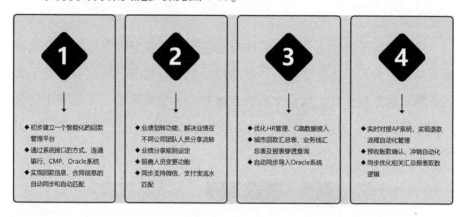

图 4-18　系统设计方案实施步骤

方案实施分 4 个步骤。第一步是回款的匹配；第二步是绩效划转匹配；第三步是 HR 系统和 C 端数据的接入，做报表的穿透和查询，为管理共享服务，同时还要自动同步回款核销的凭证冲销，即在 Oracle 系统冲销应收账款凭证及对应的处理；第四步是实现退款的自动化处理，避免人的简单重复劳动。

项目的最终目标是搭建一个去人工化的收入数据中台，提高业务运营的效率和管控效率。在这个过程中，没有人的介入，人为风险就会减少很多，执行效率极高。

实现数据同步离不开接口。接口会把 HR 系统、合同系统、银企直连系统，以及支付通道的数据同步到收入中台。数据传递到中台后，会集中到待确认的认领池，回款要与合同进行匹配，判断回款的付款主体与合同名称及签约主体是否匹配。如果匹配，会自动生成回款认定单；如果不匹配，就要匹配发票信息，看开票名称与付款名称是否一致。智联招聘的业务比较特殊，服务的小微企业较多，这些企业经常"公私不分"，有可能以企业作为主体签合同，但是通过个人账户付款，这就会造成回款认定的难度。如果合同主体不匹配，就要匹配发票名称，而发票名称有可能是高层管理者个人，也有可能是其他公司主体。如果还不匹配，就放入收入共享的认领池。这样做的优点是可以集中处理回款认领问题，不需要每家分/子公司都配备一名出纳或者业务助理，可以统一在总部的一个岗位协调回款认领。回款认领池有权限控制，销售依权限认领回款，认领后自然动生成回款单。收入中台上线后，能自动处理80%左右的回款，其余20%左右的特殊回款认领事项，仍需要人工介入。回款认领池的自动化与人工介入分开后，很好地实现了人机协同。

如果销售启动回款认领流程见图4-19，需要提交相关附件，形成待办事项供管理人员审核，审核确认后，财务还会审核认领有无问题。因为涉及销售绩效，审核确认后，还需要设置一个回退机制，以便发生错误后可冲销原来的认领，再回到回款认领的工单池里面供认领。

回款认领完成后，下一步是绩效划转（见图4-20）。这是非常重要的一步。比如员工在职时完成的业务，离职后其工作由另外一名销售接替，两者之间业绩如何划转分配。再比如两家不同的公司共同完成某项业务，业绩应如何归属、各自应该享有多少比例。这些分配规则的制定既可以人工也可以自动化。在绩效划转和绩效冲销页面，可以人工确认业绩应该归属的记账日期，因为业务的记录时间和财务的记账时间是不一样的，需要根据不同的口径设置相应取数规则，避免因数据维度的不同得出不同的结果。

设计业绩划转时，可以由人工或系统来制定规则。在多条件分配的场景，要同时支持多条件的批处理，即分单规则支持同时划转多个对象，以提高绩效分配效率。在设计的过程中要考虑怎样提高人工效率，减少人工干预，让系统自动地完成常规的处理事项。见图4-21。

如果合同或者员发生变更，系统也要能实现划转。原来的业绩确认流程可以搬到线上。如销售团队的业绩拆分和合并、组织架构的变化，系统根据设置可自动处理。见图4-22。

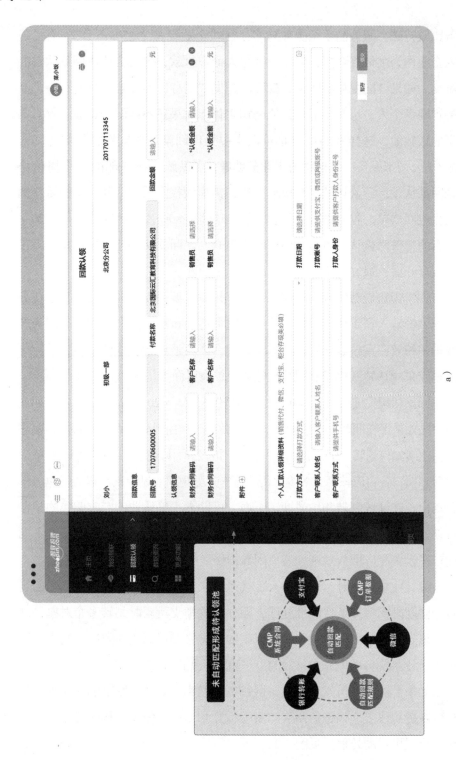

a）

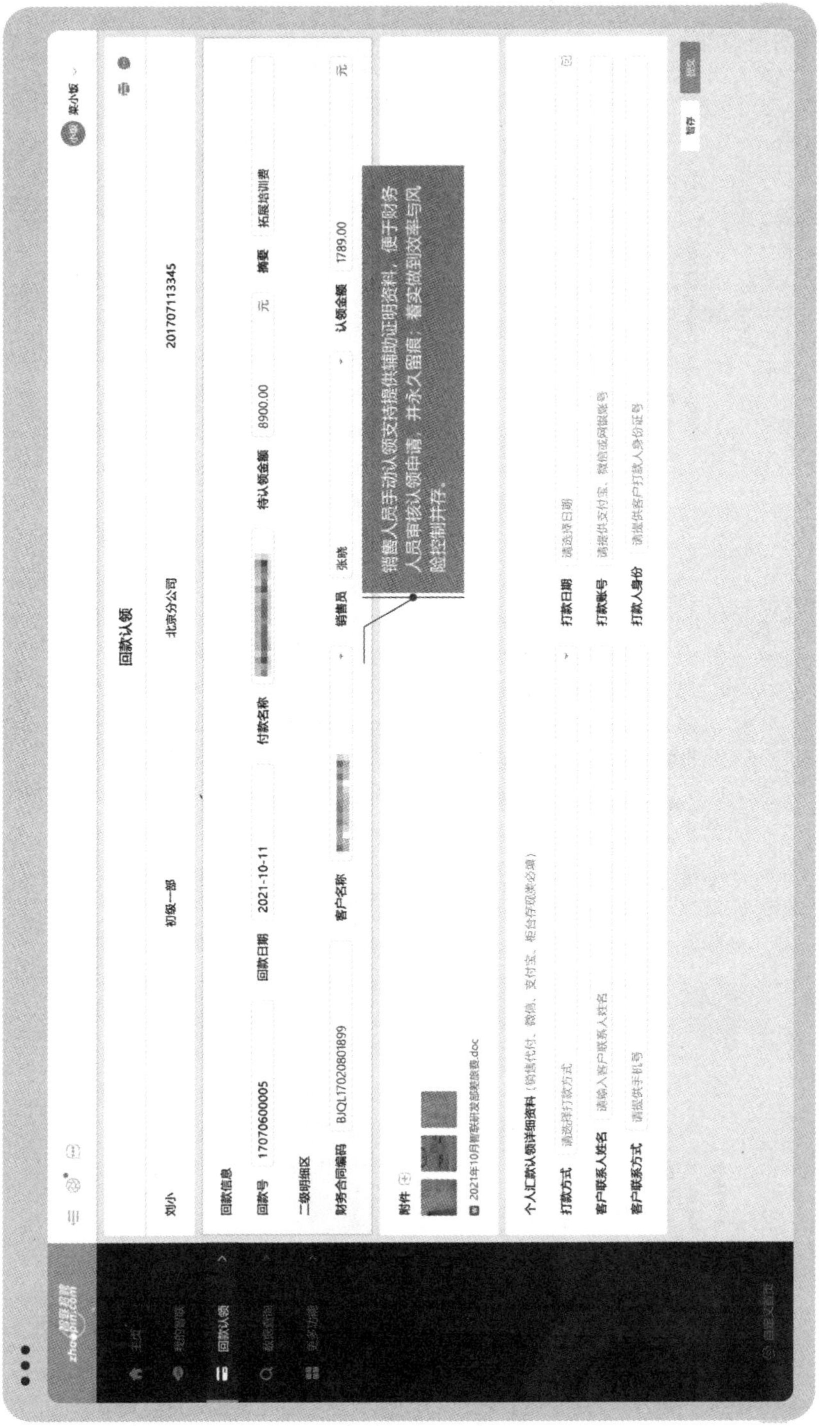

图4-19 回款认领流程

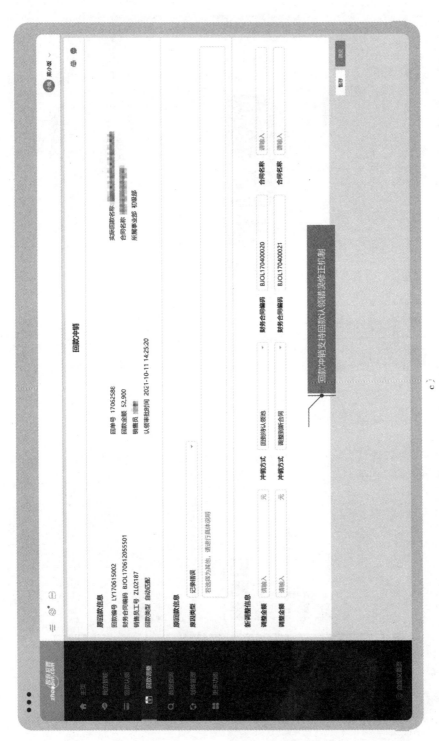

图4-19 回款认领流程（续）

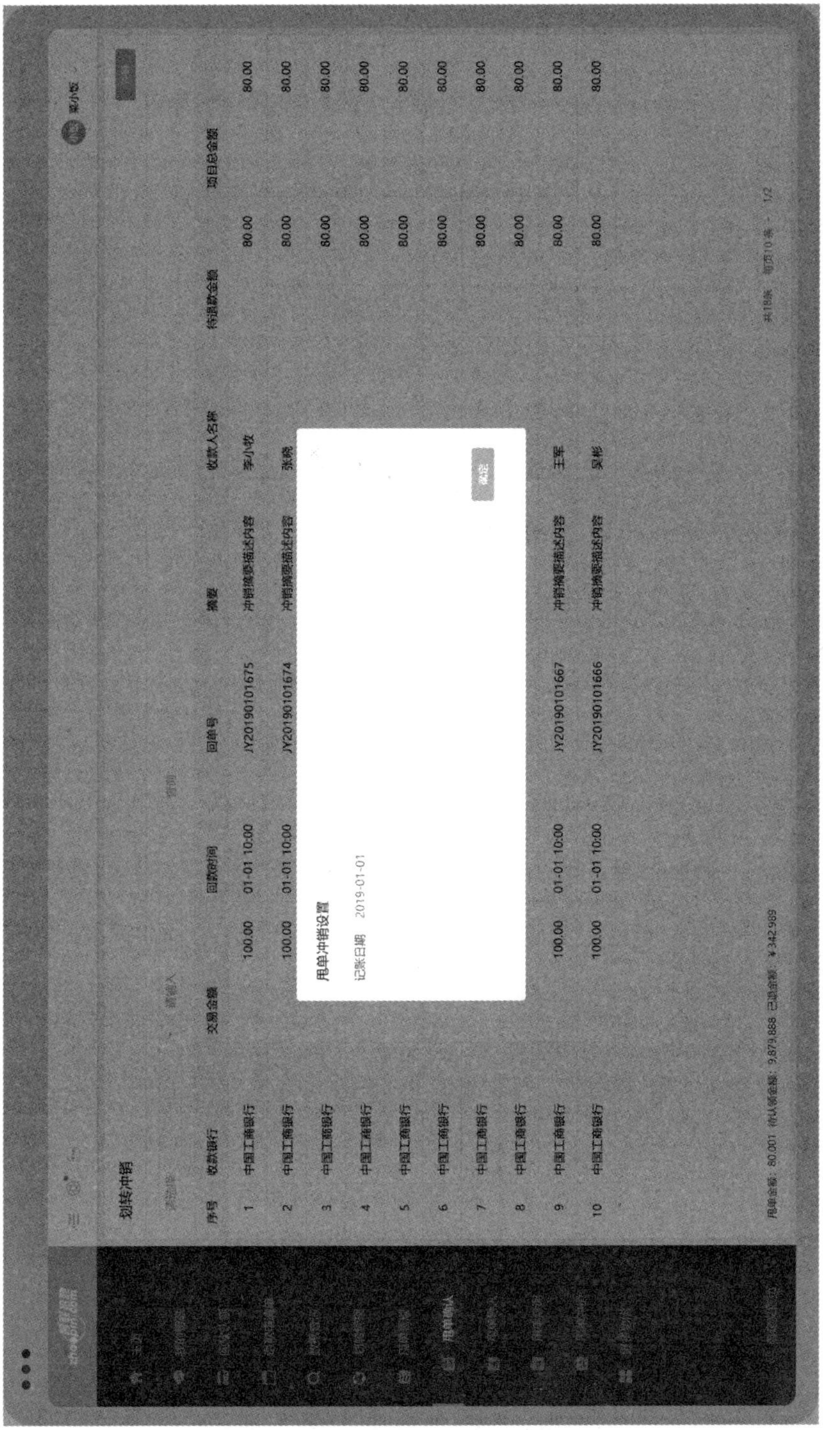

图4-20 绩效划转流程

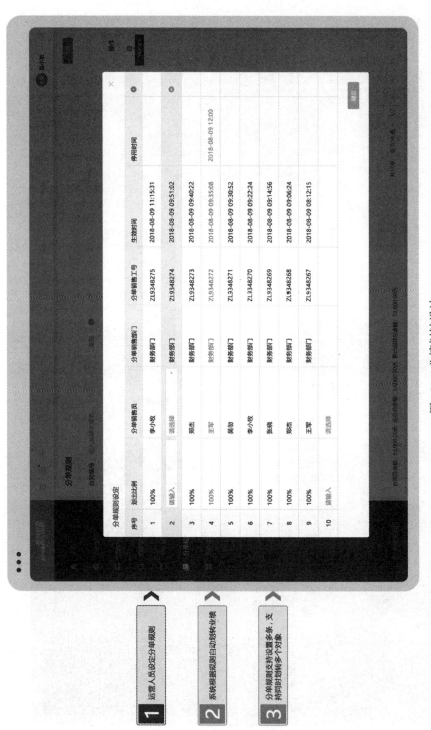

图4-21 业绩划转设计

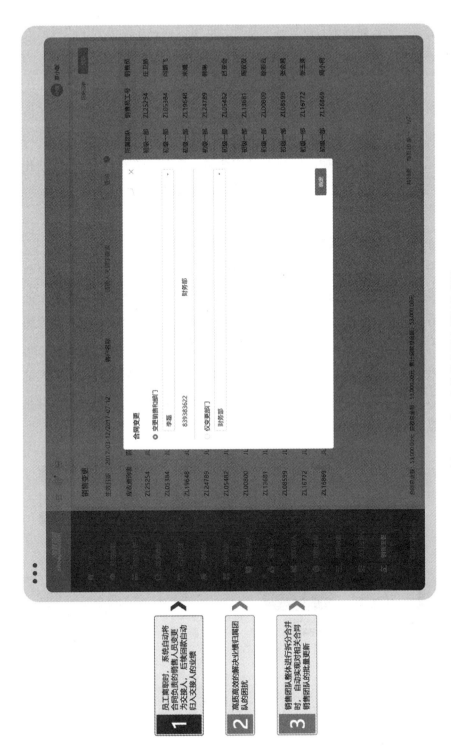

图4-22　基于人员的变更和部门的划转

总之，要设定绩效自动划转的规则，既可以通过手动方式，也可以支持批量变更，实现业绩划转的精准计算，为整个绩效考核体系提供有力支撑。

最后讲一讲比较复杂的退款流程。退款流程不仅涉及 AR 部门，还涉及应付部门，即 AP 系统。AR 需要和 AP 系统的接口打通（见图 4-23）。回退逻辑涉及回款的冲销、业绩划转的冲销、预收的冲销、预收的确认和流水的更新等一系列账务处理，要回溯到认领前的状态。当退款流程梳理好后，业务人员只需提交退款申请单，系统就会自动按照规则和流程，完成一系列账务处理，减少人的重复劳动和人为错误。

总结财务共享、业务功效和管理功效方面的成果见图 4-24。围绕财务、业务和管理所做的一系列改进的本质是打破了系统间的数据壁垒，把数据连接起来，形成一个数据综合体，统一算法口径和数据状态，向管理层实时展现可视化结果，让销售人员和运营人员能够实时关注回款、合同及应收的进展，以追踪客户、服务销售、服务客户、服务团队。财务人员也可以与业务人员实时分享财务相关信息，以发现异常、控制风险，对业务团队进行有力支撑。

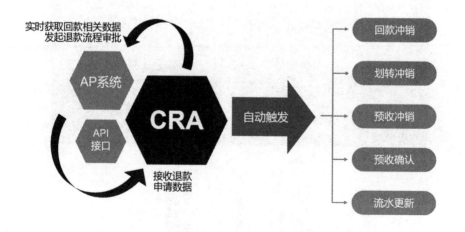

a)

图 4-23　AP 系统

b）

图4-23　AP系统（续）

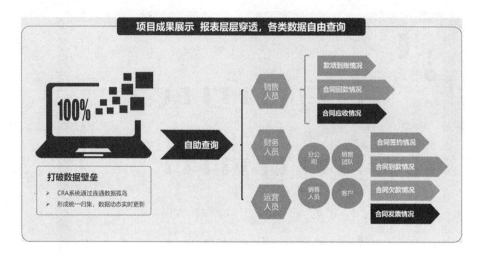

图 4-24　项目成果展示

收入中台也汇集了涵盖各类标签的业务数据，反向为经营管理分析系统提供多维度的数据。因为收入中台的数据间环环相扣且可追溯，报表也可以层层穿透，直至数据的最底层。同时，每一笔收入的绩效划转规则、考核结果、退款及其回溯流程都能够实时查询（见图 4-25）。

在做这个项目的过程中，同时把智联招聘各个部门权限和岗位也梳理很清楚（见图 4-26），如：销售要干什么，包括销售回款的确认、异常回款的确认、到账查询和合同回款的查询等；财务要做什么，包括流水的导入与查询、回款的标注、认领的审核、回款的导入和冲销、账期设置、数据的查询及回款的补录等。系统与 HR 系统、C 端系统对接，做到数据共享。运营是基于销售的变更分单规则的设定来确保销售业务的效率。

3. 效果评价

效果对比见图 4-27。

原来的系统是分割的，现在是统一的。通过收入中台，把智联招聘的 CMP、Oracle、AP 及其他系统无缝隙连接起来。原来是邮件确认回款，无系统、无流程，现在 98% 的回款做到自动化处理，手动认领流程也标准化了。最突出的效果是，原来 AR 团队有 21 人，现在只需要 2 人，其余人员全部转岗 AP 部门。从量化结果来看，此系统每年帮助智联招聘至少节省了 200 万元。

业绩明细查询

记账日期 2017-03-12/2017-07-12　　客户名称　　查询　　输入关键字搜索

客户名称	划拨类型	划拨编号	回款金额	销售工号	销售名称	销售团队	业务销售工号	业务销售名称	业务销售团队
	划入	HZ0393838	100.00	ZL02187		初级部队	ZL09494		初级部
	划出	HZ0393837	-100.00	ZL02186		初级部队	ZL09493		初级部
			100.00	ZL02185		初级部队	ZL09492		初级部
			100.00	ZL02184		初级部队	ZL09491		初级部
	划入	HZ0393834	100.00	ZL02183		初级部队	ZL09490		初级部
	划出	HZ0393833	-100.00	ZL02182		初级部队	ZL09489		初级部
			100.00	ZL02181		初级部队	ZL09488		初级部
	划出	HZ0393831	-100.00	ZL02180		初级部队	ZL09487		初级部
	划入	HZ0393830	100.00	ZL02179		初级部队	ZL09486		初级部
	划出	HZ0393829	-100.00	ZL02178		初级部队	ZL09485		初级部

回款金额：53,000.00元

共18条　每页10条　1/2

图4-25　数据查询

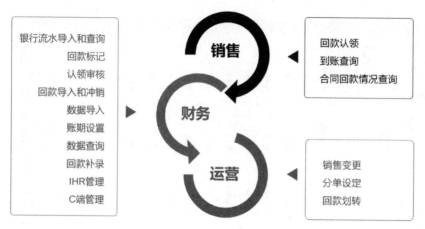

图 4-26　销售、财务和运营的对接

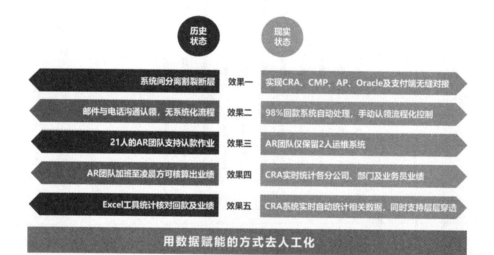

图 4-27　管理系统实施前后效果对比

第5章　共享财务的类型

共享财务可分为智慧共享、融通共享和生态共享 3 个类型。智慧共享是以数字技术为手段，推动共享财务的发展，扩展共享财务的边界，提升企业在数字化时代的核心竞争力；融通共享是以数据连接为手段，帮助企业做到内联外通，提高整个产业链的协作效率和资源优化配置效率；生态共享是以生态共赢为基础，优化匹配客户需求，赢得客户信任，增强客户黏性。

5.1　智慧共享

5.1.1　智慧共享的范畴与应用简介

数字技术让数据采集更为便捷，数据规模更大、数据标签更丰富，有利于企业迅速做出商业判断和决策。

智慧共享主要涉及物联网、大数据及人工智能 3 项技术。物联网主要在于提高数据的采集效率，相对于人工采集数据，物联网技术已经具备无界面的数据采集能力；大数据技术用于数据的分析和处理；在大数据分析和处理完成以后，人工智能是模仿人解决一些问题。这些技术必须结合一定的行业领域和应用场景，才能呈现最终的结果。如果没有应用场景，技术就只是技术。

数据分为结构化数据和非结构化数据。对于不同的数据特征，需要运用不同的数字技术。数字技术分类见图5-1。

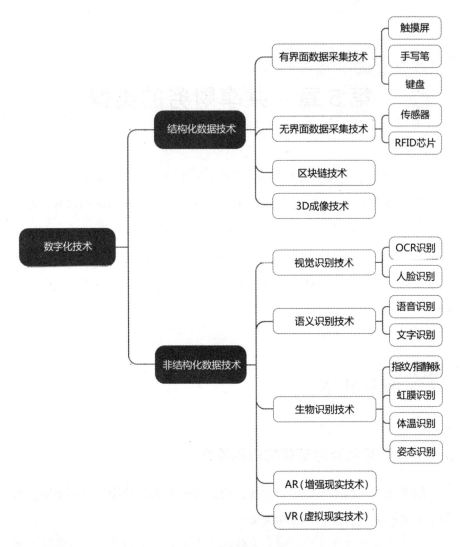

图5-1　数字技术分类

1. 结构化数据技术

对于结构化数据的采集，可分为有界面采集和无界面采集。

有界面采集常见的是通过触摸屏、手写笔、键盘等，由人跟界面接触输入数据；无界面采集是由传感器或者射频芯片（Radio Frequency ID，缩写RFID）采集数据，不需要任何界面。无界面采集更贴近物联网，是在机器和机器、机器和人之间传递数据，传递过程中无须太多人工干预，数据采集效率高。其他结构化数据技术，如区块链技术、3D 成像技术等，都是把非结构化数据转换为结构化数据，然后进行存储、加工和处理。

2. 非结构化数据技术

非结构化数据采集现在使用较多的有视觉识别技术、语义识别技术、生物识别技术、增强现实技术及虚拟现实技术等，其目标是把非结构化数据转换为结构化数据。人脸识别就是一种视觉识别技术。语义识别是先做语音、文字的识别，把语音和文字转化为结构化的逻辑，这些逻辑判断会触发指令和动作，方便人工智能或者系统做自动化处理。生物识别是采集人的指纹、指静脉、虹膜、体温及姿态等天然特征来辨别人的身份（ID）特征数据，然后做数据处理。增强现实技术和虚拟现实技术，是在虚拟世界打造出非常逼真的模仿现实世界的效果，戴上 AR 或者 VR 眼镜，人们就仿佛身临其境。因为模拟的是真实环境，而且是 3D 的，所以根本感觉不到与现实世界有差别。数字化增强技术让人与数字化信息交互的可能性和便捷性大幅提升。

数字化是人们在虚拟世界与物理世界发生交互，拉近了与物理世界的距离，而不是真正与物理世界做交互。这是一个非常大的变革。数字技术让数据采集更便捷，数据的标签和维度越来越多，数据量越来越大、越来越丰富，这有利于企业针对客户做更精准的商业判断和决策，为客户提供更好的服务。

5.1.2 物联网的应用范围与场景

物联网包括感知层、网络层和应用层 3 层架构，见图 5-2。

感知层是物联网主要的构成部分，它借助传感器在物与物、物与人之间交互数据。传感器甚至可以像米粒那么大，可以在任何一个场景下将传感器植入相关载体并与人、物品做交互，传递信号。

把感知层感知的简单信号转化为数据后，需要 5G 物联网传递数据。传统的互联网需要 IP 地址、网络宽带等基础设施，而基于 5G 设备的物联

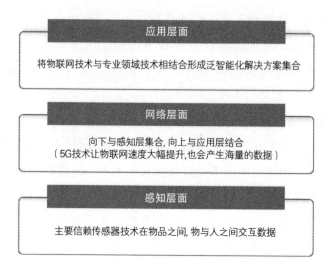

图 5-2　物联网 3 层架构

网基础设施对设备的要求与互联网设备不同：物、物之间的交互可以脱离互联网传输数据。网络层向下与感知层结合，向上与应用程序结合，起到类似路由器的承上启下作用。由于现在基于 5G 技术的网络设备的制造商和应用场景不够多，导致 5G 技术的普及速度没有想象中那么快。

在网络层将数据传输到应用层后，应用层要将物联网技术与专业领域技术相结合，形成一个泛智能化解决方案。采集的数据经软件平台的"翻译"处理，转换为可用数据，为后续处理或者执行某个动作做准备。有一种提法为 SDX（Software Define Everything），即软件定义一切。在数字化世界，软件是对硬件性能的优化和应用场景的扩展，它拉近了用户在虚拟世界与物理世界的距离，进一步提高了效率。

目前，物联网前十大应用领域包括智慧农业、智能零售、智能家居、智能制造、智慧建筑、智能医疗、智慧能源、智能安防、智能交通及智慧物流。这些应用具有一些共性特征。

首先，数据采集基本是去人化的。比如智慧农业的智能喷淋系统，是基于传感器对土壤干湿程度和气候的感知，根据农作物生长趋势和周期，自动判断基于哪种算法来调节不同农田、不同地域的灌溉体系和灌溉策略，让农作物加速生长，使其品质更优。智慧物流、智能零售、智能家居也如此，通过传感器感知人的行为和偏好，根据算法自动做出判断和调整，并且可以远程操控，比如通过手机或者语音就能够控制各种设备，围绕人的实时需求提供服务。利用无界面的数据采集技术，不需要人与人、人与机器接触，这是一个很大的变革。

其次，在算法和算力方面，物联网通过算法传输指令，驱动设备做简单重复劳动。本质上，传感器只能做简单的数据采集工作，需要结合后续的数据处理能力才会显得更智能。

最后，人和数字化世界的交互越来越多，逐步脱离了对物理世界的交互。数字孪生的时代已经到来，任何物理世界都可以虚拟到数字化世界。

在智能交通行业，车联网技术和车载无人驾驶技术对传感器的反应效率要求非常高，一般毫秒级数据采集量须达到 TB 级。如果后台没有强大的算力和算法做支撑，就很难对实时的路况进行反馈和判断，完成自动驾驶。在数字化时代，任何一个行业都可以重构，人的关注点也会发生转移，仅会做简单重复劳动的人将失去价值。这是一个时代的演变，鞭策人们要不断前进。随着技术的不断迭代，人需要对自己的认知体系和知识结构进行迭代，才能保证不会被社会淘汰。

5.1.3　大数据的应用范围与场景

大数据和小数据的主要区别在于利用数据的方式，是站在微观角度处理，还是站在宏观角度处理。麦肯锡对大数据的定义为，大数据一般都是讲相关关系，超越了传统的数据软件工具的范围和数据集合，具有海量的数据规模、快速的数据流转、多样的数据类型和价值密度低四大特征。

信息化和数字化是有区别的。信息化是以流程为核心，以信息系统为工具，是对信息的描述。在信息化系统中，数据是一种副产品。信息化的思维模式是以物理世界为主，只是对物理世界进行描述。而数字化是将许多复杂的信息通过一定的方式变为计算机能处理的0、1二进制码，形成计算机里的数字孪生，即把物理世界重构到数字化世界，人们通过数字化世界和物理世界做交互。

再说数字化和数据化的关系。数字化一定带来数据化。数字和数据的区别在于，数据代表对事物的描述、记录分析和重组，以实现对业务的指导。本质上，数据就是数字的最小字段的集合，字段的集合叫数据集，其价值在于能够为业务和管理决策服务。大数据的目标就是把数据集合在一起，超越人的分析能力发现一些规律。大数据技术架构见图5-3。

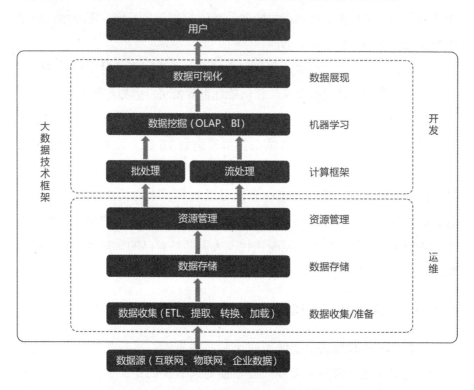

图5-3 大数据技术架构

图5-3中的底层数据源是通过物联网、互联网采集的数据，采集数据后会做数据的ETL（即提取、转换和加载），然后存储数据，形成数据资源。利用、加工和处理数据资源需要计算框架。计算框架就是算法框架，它是用数据挖掘技术，包括OLAP技术和BI技术让机器学习，找到规律和特征，然后把数据可视化，呈现给用户，用户再基于自己的经验做判断，指导业务决策。

1. 大数据的意义

从海量数据中找出相关性，最终成为决策依据，会大大提升管理效率或者处理事情的能力。这就是大数据的意义。举个例子，沃尔玛超市通过大数据分析发现，把婴儿的纸尿裤和啤酒放在一起，两类商品的销量都会非常好。这就是一种相关关系。在欧美国家，一般买婴儿纸尿布的是男性，而男性喜欢看各类球赛，看各种球赛时他们喜欢喝啤酒，喜欢和朋友一起看。所以，当男士去超市买东西时，看见纸尿布和啤酒放在一起，会一起拿走。

2. 大数据的应用场景

随着数据化技术能力的提升，数字孪生的应用场景也越来越多，可采集更丰富的数据标签和数据维度，对决策提供更有价值的信息。

（1）金融防欺诈。

在传统的思维下，人们只关注看得见的数据；而在大数据模式下，只要跟这个数据相关的数据，都会被采集，然后根据算法分析相关关系，使人们的判断更加全面和有意义。比如，在消费者刷信用卡时，信用卡系统会根据金融防欺诈的算法，结合当前的消费行为、消费记录和消费地点等判断是否存在金融欺诈风险。

（2）价格动态变化。

产品在不同地区价格可能不一致。随着地区消费能力、消费水平、消费特点、气候等因素的不同，产品的价格会动态变化。这些都可由机器自动化处理，而不由人控制。

（3）供应链和渠道分析。

做供应链和渠道选择决策时，选择哪些供应商、渠道及路径能够提升销售业绩、供货能力和服务能力，结合大数据的算法都可以得出。

（4）舆情分析。

做舆情分析时，可从微信、微博的关键词特征、情绪的描述或者表情特征，发现规律来跟踪舆情形势变化。

（5）营销分析。

例如对于卖眼镜的电商，其销售场景不局限于在线医疗或者在线咨询，而是可通过与在线教育公司、书店、手机销售商、平板电脑厂商的合作完成销售。因为在这些用眼较多的场景，需要对眼睛加以保护，通过交叉推荐，就能提升销量。

（6）用户行为分析。

利用大数据对客户行为进行分析，目的是基于场景为用户提供更优质的服务，增加用户黏性。比如今日头条根据用户的搜索关键词，通过大数据算法，主动向用户推送资讯，从主动搜索走向自动匹配，让用户感到更便捷。当然，这种做法有时也会造成信息茧房效应，限制了用户的信息获取范围，并导致重复、同质化推荐。

5.1.4　人工智能的应用范围与场景

1. 人工智能

人工智能是研究开发用于模拟、延伸和扩展人的智能的一门新技术。人工智能涉及计算机科学、心理学、哲学和语言学等学科。

2. 人工智能的分类与应用

人工智能是在物联网和大数据集成后的更高层应用。人工智能的发展已有很长时间，主要用于模拟和延伸人的智能，相当于模拟人的能力，即类人的能力。人工智能分为弱人工智能、强人工智能和超人工智能 3 类，见图 5-4。

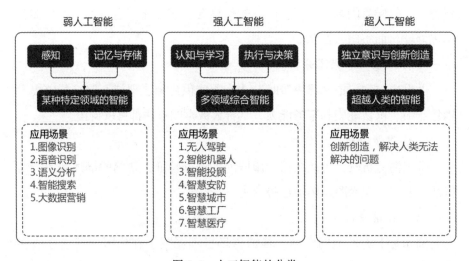

图 5-4　人工智能的分类

3. 弱人工智能

弱人工智能即"感知+记忆存储"。弱人工智能领域常见的是物联网设备,研究成果和应用场景越来越多。弱人工智能是解决某特定领域问题的智能,如简单图像识别、语音识别、语义分析、智能搜索及大数据营销等。

4. 强人工智能

强人工智能即"认知学习+执行决策",是研究人的大脑功能方面的知识,模拟人的认知学习能力和执行决策能力。强人工智能研究停滞不前的原因在于人们对大脑的认知和功能研究,如对人脑神经元的研究,还停留在非常肤浅的层面。强人工智能技术目前可以在有限程度上实现无人驾驶、智能机器人、智能投顾、智慧安防、智慧城市、智慧工厂和智慧医疗。强人工智能研究不仅涉及技术问题,还涉及伦理和法规问题,如商业保险定责问题等,需要进一步完善。

5. 超人工智能

超人工智能即"独立意识+创新创造"。霍金和马斯克认为这种人工智能取代人类是一件非常危险的事情。马斯克认为对海量的数据处理、分析及方案的推荐可以都交给人工智能来完成,但最后的决策应由人来做,因为人脑虽然有一定缺陷,但人的感性在某种场景下比机器的理性也许更可靠。

在智能投顾领域,全球排名靠前的金融公司淘汰了传统的金融分析师,换成计算机工程师来做智能投顾。在2019年年初的美国股灾期间,纳斯达克和纽交所的股票抛售都是由计算机根据算法自动抛售的。计算机根据预设好的算法规则,只要到了卖空节点,机器就以毫秒级速度执行抛售指令。人具有贪婪和恐慌心理,有投机心理,会进行逆势操作,而智能投顾不会,所以几秒钟内美国股市就暴跌1~2个百分点,让人大为震惊。2020年美国股市的5次短时间熔断,也是人工智能理性方式的重演。可见,对人工智能必须正确引导,过分理性会造成灾难性后果。

5.2 融通共享

融通共享是以数据为连接手段，帮助企业做到内联外通，提高整个产业链的协作效率和资源的优化配置效率。

5.2.1 融通共享的范畴与应用简介

融通共享分为内部融通、外部融通和相关方融通 3 类。

融通的本质在于资源融通和数据融通，其中资源包含人、物及其他资源；数据指物理世界所对应的数字孪生世界的资源。

5.2.2 内部融通的应用范围与场景

内部融通的应用场景包括财务共享、管理共享和业务共享，它们都是从企业内部角度考虑的场景。

1. 内部融通的要点

第一，企业管理者要站在战略高度，将资源融合和数据融通结合起来，实现数字化时代物理资源和数字资源的价值创造，见图 5-5。

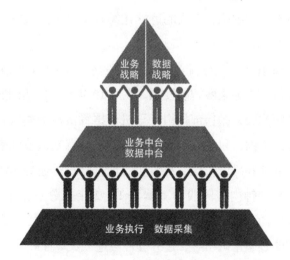

图 5-5　内部融通体系

第二，要把财务共享、管理共享和业务共享三者结合，实现内部资源的优化配置、内部数据的流动及数据价值最大化。建立内部融通体系，消除信息孤岛，搭建数据中台是必由之路。数据中台是企业修建数据高速公路和实现融通战略的核心，否则融通战略就是空谈。提升企业核心竞争力要从算法、算力、数据和交易角度思考。

数字化时代的核心是数据共享而不是数据分析，要在正确的时间把正确的数据维度分享给正确的使用者，实现数据价值最大化。数据分享的效率决定了企业管理的效率。数据共享是财务共享、管理共享和业务共享的核心。修建数据流高速公路的目的就是要加快数据共享的效率。

2. 内部融通的误区

绝大部分企业的数据高速公路只修了一部分，没有完全修通。企业做内部融通普遍存在以下误区：

（1）将 OA 与 ERP 打通。

OA 只能管流程，管不了数据和业务。企业做内部融通设计时若不是站在数据全生命周期角度进行布局，而是不断地在 OA 上开发接口，让其传递带有业务逻辑的数据，会使 OA 不堪重负，导致最后 OA 和 ERP 都无法继续改进。ERP 管业务，但是流程管理偏弱，要依赖 OA 给出状态和相关数据进行后续处理，容易陷入被动。OA 天然不具备数据中台的能力，把 OA 改造为数据中台，费力不讨好。

（2）数据中台等同于数据集中。

数据中台不等于数据集中，数据中台在企业数据高速公路中起连接器、处理器及翻译器的作用。数据中台不只是将 BI 工具用于事后的数据分析，其核心价值在于对数据的过程管理，结合企业的业务与管理诉求，及时发现问题，解决问题。

如果仅仅把数据集中起来，然后找一个 BI 工具在数据库里"捞数据"，数据的及时性、质量、过程管理、风险管理及一系列实时场景服务和动态服务问题根本无法解决。

（3）数据中台是技术部门的事情。

数据中台一定是业务部门与技术部门共同的事情。技术人员不懂业务和管理，很难执行企业的管理理念和策略；业务也必须借助技术工具执行业务方案和企业战略。因此，数据中台一定是双轮驱动，方案是灵魂，工具是载体。

5.2.3 外部融通的应用范围与场景

外部融通体系架构见图5-6。

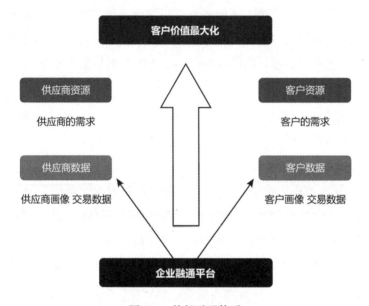

图5-6 外部融通体系

1. 外部融通的要点

1）外部融通是实现企业内联外通战略的重要环节，也是供需匹配生态共享的关键点。

2）外部融通是企业外部资源融通战略和外部数据融通战略的结合。

3）外部融通是一种开发和服务思维，即开放资源和数据，更好地为客户提供服务，增强客户黏性。

外部融通需要企业开放数据和资源，与外部系统对接，持续与供应商、客户的数据和资源连接，进行数据价值的挖掘，提升企业效率，实现价值最大化。

2. 外部融通案例

（1）丰田汽车。

丰田汽车的 JIT（Just in Time，准时化生产）因做到了零库存管理而闻名于世。丰田汽车跟供应商的配合非常好，供应商的供货与生产线可做到精准匹配。如果供应的是红色车门，生产线上一定是红色汽车，工人可立即把车门安装上去。丰田汽车在管理上做了哪些工作呢？

首先，丰田汽车要求所有零配件供应商的仓库离丰田汽车的工厂不能超过 15 公里，车程不能超过 15 分钟。这保证了供应商能够按要求精准卸货，不会因为堵车导致无法匹配丰田汽车的生产时间。这是物理资源层面的融通。

其次，在数据融通层面，丰田汽车要求供应商按统一的要求提供数据。1996 年，互联网才刚刚起步，还没有光纤宽带及其他高科技数字技术，当时丰田汽车采用 EDI（Electronic Data Interchange，电子数据交换）技术，即一个基础电话线的数据接口，数据传输速度为每秒千字节级别。丰田汽车要求供应商必须按照统一的数据格式、标准和传输时点提供数据，精准匹配丰田汽车的生产计划。在物联网和互联网等技术还不够发达的当时，丰田汽车已经用这套思维和工具解决内联外通的问题，这让人十分震惊。更为震惊的是，在 2016 年，丰田汽车全球年产量是 300 多万辆，而其全球结算中心的财务人员仅 2 人。在数据整合及内联外通后，简单重复的劳动都由机器完成，这 2 人只是发现和处理异常情况。这么大一个全球结算中心，跟全球供应商做结算，只需要 2 个人处理，这会带来多大的成本及资源节约！

（2）欧洲开放银行。

欧洲开放银行在 2017—2018 年开始流行。在同一个城市，每家银行的客户基础数据资料基本一致，这些银行将客户的基础数据和交易数据进行共享，不需要单独投入巨额资金和技术能力开发一套客户的主数据体系，可节约20%的开发成本，将节省的资金用于提供更好的金融产品服务，客户黏性将得到提升。

（3）奈飞《纸牌屋》。

奈飞公司从租赁光碟起步，结合用户观影行为、偏好及诉求反馈数据，指导内容创作团队生产基于用户喜好的影片和电视剧。《纸牌屋》这部电视剧就是这种模式的产物，非常受欢迎，也实现了一种内联外通，即通过客户数据的共享指导内容生产商满足市场需求。

内联外通的好处是企业的各种潜在机会被不断被激活，资源和能力不断地被释放。目前还有很多"数据搬运工"在做外部沟通协调这种简单重复的工作，而不是利用供应商和客户之间的数据进行联动，这一现象值得深思。

5.2.4　相关方融通的应用范围与场景

1. 相关方融通的要点

相关方融通体系见图5-7。

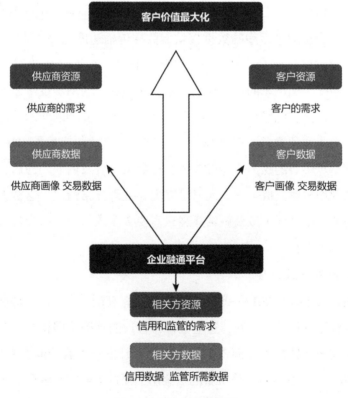

图5-7　相关方融通体系

相关方融通体系的特征包括以下内容：

1）相关方是外部融通的特殊主体，涉及监管机构、股东及其他利益相关方。相关方融通的目的是提升企业的市值管理水平，赢得更多信任背书。

2）相关方融通是社会信任体系建设的基石。

3）相关方融通能够让企业的信用成本实质性降低。

4）监管方的信用数据是企业信用的第三方背书，能够客观证明企业业绩与诚信情况。如果企业信用等级良好，会得到消费者和合作伙伴的信任，整体的获客、融资成本都会降低。

2. 相关方融通的案例

数据金融化是典型的相关方融通。比如，外贸企业的信用证、离岸海运单及货运单据，都可以作为融资凭证。企业把这些数据实时共享给金融机构，可办理基于订单的贷款业务，提高企业的融资效率。外贸企业分享其关键业务节点的真实数据后，会带来上述好处，数据金融化的价值得以发挥。

很多金融机构也开始做基于社保和税金的信贷，即企业提交社保公积金、企业所得税、增值税的记录后，经银行风险控制部门审批，可以快速获得贷款且无须做资产抵押，这就是一种信用资产价值。数据金融化是数据价值最大化的结果，为企业创造了更大价值。数据金融化是通过企业的财务部门实现的，因此财务部门就从成本中心转变成为了利润中心。

5.3 生态共享

生态共享是以共赢为基础，通过优化、匹配客户需求，赢得客户信任，增加客户黏性。如今，封闭型企业已经不适应时代的发展和市场的变化。越来越多企业采用小前台、大中台的组织模式，越来越扁平化，比如海尔的人单一体化。

下面主要阐述生态共享 3 个方面的内容：一是从垂直或者生态链的角

度，阐述生态共享的作用；二是阐述生态合作；三是从生态的最小颗粒度即企业场景角度，阐述财务怎样为生态型变革做好服务。

5.3.1 生态共享的范畴与应用简介

生态共享的本质是去中心化的生态叠加和自增长，是企业为实现内联外通，融入生态的入场券。

在物理世界中，物种之间的自平衡、自增长和生态叠加，都是按照去中心化的规则在进行，相互适应、相互平衡。市场经济中，客户需求和市场供给也是一种动态的平衡。

5.3.2 生态链优化匹配的应用范围与场景

生态共享的要点：第一，优化匹配；第二，互为生态；第三，场景即服务，生态服务可以最小颗粒化。

生态链的匹配场景很多，目的都是让多方得到价值利益的共享。围绕客户价值，首先思考单一的企业能力能否满足客户多元化的需求，如果不能，则进一步思考企业能否找到行业合作伙伴做生态能力的匹配，如果在行业内找不到，再看跨行业或领域能否匹配客户的需求，这一过程中，企业可能还要借助一些外部如金融机构的力量。见图5-8。

图5-8　生态链匹配体系

企业的产品和服务一定要以客户为中心进行生态的聚合，只有生态聚合服务才能提高客户黏性。这种生态合作是灵活、临时性的，因为客户的需求是个性化的，企业应考虑怎样形成迅速满足和响应客户需求的能力。

高德地图起初只是一个地图导航软件，现在聚合了滴滴出行、神州租车、北汽租车、曹操出行等多家服务公司为用户提供打车服务。高德地图聚合这个生态的目的就是要缓解用户的用车需求——在早晚高峰及恶劣天气时，用户可能打不到车。

微信小程序也类似。微信小程序聚合了数以万计的商家，通过小程序可满足客户的低频需求。高频需求一定需要一个永久入口，比如沟通需求，大家都用微信。用户有低频需求时，又不想下载很多 App，所以微信就集成了满足客户这种需求的小程序，用完即走，无须停留。这就是长尾效应。微信把此类低频服务通过小程序以生态链的方式加以匹配，提高了用户黏性。如此，用户会就把微信作为主要入口，使微信成为一个超级 App。

拼多多的团购模式也是生态共享的经典案例。拼多多通过匹配商家和用户之间的需求，解决了价格与销量的关系问题。用户的规模效应会对议价能力产生影响。拼多多只是提供一个交易平台，交易是商家和用户的行为，拼多多通过生态链的串接和大数据算法把用户和商家的需求进行匹配，解决了供需矛盾。

生态链优化匹配就是思考自己的企业怎样以生态链集成化、集约化方式为用户服务，把企业的业务边界扩展开来，与生态链上的企业一起把蛋糕做大。

5.3.3　互为生态的应用范围与场景

1. 互为生态的要点

生态链上的合作伙伴有相互交易的诉求，并且客户或者供应商的资源具有可复用性，生态间的合作会产生新的业务领域或者业务增长点。互为生态的范围见图 5-9。

图 5-9　互为生态的范围

2. 互为生态案例

下面谈谈航美传媒案例。航美传媒的生态见图5-10。

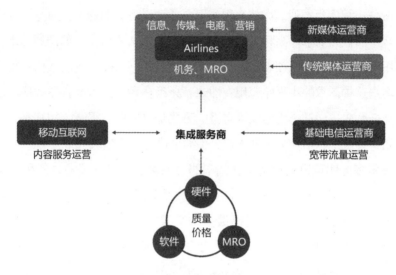

图 5-10   航美传媒的生态

航美传媒是专注于航空业的广告公司，而百度、阿里巴巴、腾讯、京东是内容服务商，移动、电信、联通是电信运营商，它们各有各的生态，也互为生态。当这几个生态融合在一起时，就形成了一个新的业态，可精准地为飞机乘客推荐广告投放、娱乐和信息消费等多维服务。在服务过程中，各自都产生了收益。

航美传媒拥有航线和航站楼的广告位资源，移动互联网巨头有内容资源和消费资源，电信运营商有宽带和网络流量资源。航美传媒把这些资源整合在一个硬件里，比如飞机座椅背后的触摸屏或者航站楼手推车上。这种做法是利用合作方各自的生态，把硬软件结合起来，把信息服务和流量服务集成起来，为乘客提供娱乐、视频、资讯和购物服务。这种合作产生了一个新的机会，就是通过触达更多用户，借助内容服务带来广告营收。这是生态间合作的经典场景。

5.3.4   场景即服务的应用范围与场景

企业经营的最小颗粒度就是场景。场景即服务。与金融场景化类似，企业在经营和生产过程中需要金融服务时，金融活动就融入具体场景。电影《华尔街夜未眠》里有句台词"人们需要银行服务，但并不需要实体银行"，可以很形象地说明物理世界在数字孪生以后，客户能够在虚拟场景中获得随时随地的服务。

1. 场景即服务的要点

1）场景是企业开展经营管理活动的最小颗粒。

2）每个场景都会产生经济价值和数据。

3）如果每个场景下的效率和风控都能优化，整个企业的生产经营活动就会得到优化，客户的满意度和黏性也会提升。

4）场景即服务强调为了即时性服务要满足当前场景的需求，解决用户当前场景下需要解决的问题。

5）场景即时需求的满足，需要一个服务生态体系做支撑。

2. 场景即服务案例

（1）"天眼查"征信服务。

在平台植入"天眼查"，员工在录入客户信息的时候，调用"天眼查"查询客户信息后自动填充，会自动进行风险评估。这种方式的好处在于不跳转页面，在另外一个 App 里查询到结果后，再复制粘贴到系统中。这个小的颗粒度场景会提升客户信息录入效率和风险评估效率，让员工更精准、快捷地为客户提供服务。所以，场景化强调满足当前场景客户的及时性需求，解决用户即时需求。

（2）企业商旅的一站式管理。

企业一站式商旅管理服务系统与费控、预算管理平台结合后，当员工预订机票、酒店时，商旅管理系统会马上响应，查询员工的职级、差旅标准及部门预算，将企业的项目计划、项目进度与项目管理融合在一起。员工的所有差旅行为都围绕商旅管理场景展开，在一个平台上操作即可，不用跳转到其他差旅 App——这个平台的底层已经与商旅资源接口打通。同时，平台留下了员工出行记录，并受到预算和标准的控制。企业之间、企业和商旅平台之间直接公对公结算，员工不用垫付费用然后报销。这种场景下，在员工预订时，系统会事前进行预算校验，通过校验后才可订票，预订完成后，企业直接支付，支付后的商旅数据马上生成凭证，并进行实时分析，输出预实分析结果。

这种服务模式把原来的报销从事后控制变为过程管理，通过数字化手段颠覆了原来的商旅管理和报销流程，提升了企业内部管理效率。通过跟外部数据连接，减少了对数据的人为干预，提升了风险控制能力。

（3）合同的在线编辑和在线签约。

合同管理也一样，系统具备合同的在线编辑能力，在线审核完成后可在线签约，这极大地提升了签约效率。传统流程都是纸质文档在流转，可能被伪造、篡改，而在线编辑和在线签约采用了加密、防篡改、分布式存储和追溯技术，避免了商业伪造和欺诈问题，保证了商业的合规性。系统对基于合同触发的权利和义务有约束，合同产生的数据，以及在执行权利和义务的过程中都会留下痕迹，以匹配合同执行中的结算。

商业物理世界场景的数字化和数据化，使生态连接起来，每家企业和服务商都能找到自己的位置，做到共赢。生态共享对企业的数据、财务共享管理及财务处理方式均提出更高的要求，不再限于传统理论上的数据分析、比率分析及记账技巧。

财务人员需要帮助企业设计一套这种生态共享、融通共享和智慧共享的体系，提升企业的业务效率和业务黏性，更好地为客户服务，提高财务、风控质量。

5.4 应用案例

5.4.1 基础案例：小微企业的业财税一体化平台

下面从一家小微企业业财税一体化案例入手，阐述 3 个共享层次和 3 个共享发展类型，方便大家以不同的视角看问题。

1. 问题与机会

小微企业的问题与机会见图 5-11。

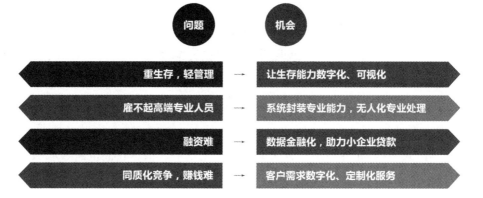

图 5-11　小微企业的问题与机会

数字化时代强调普惠理念，即要让更多企业用上、用好数字技术，服务自己、提高效率、服务他人。

小微企业也需要业财税的一体化。因为小微企业也是一个经济实体，也需要处理业务、财务和税务。小微企业的企业主一般对业务比较精通，但是对财务、税务和数据缺乏认知，对技术也懂得不多。那么，小微企业该怎样实现智慧共享、融通共享和生态共享？

第一，小微企业主要关注生存问题，但这并不代表不需要数字化和可视化能力。企业主需要知道企业到底做得好不好。虽然小微企业主的记账方式是"左钱包进、右钱包出"，剩下的是自己的，但也需要知道到底进了多少，出了多少，还剩多少，也有实时、可视的数据需求。只是大多小微企业没有能力开展数字化建设而已。

第二，小微企业一般是小本买卖，较少雇用高端管理人才，企业主既是高层管理者，又是财务、销售等。因此，小微企业需要一种系统化封装能力，实现无人化处理。在柯达胶卷被数码相机替代之前，拍照是比较复杂的事情，需要冲洗、对焦及曝光等一系列专业技能，只有专业人士才能操作，且成本也较高。数码相机出现后，拍照就简化为一个按钮，按下按钮，焦距、构图、设置分辨率及成像都是封装化的处理。智能数码相机具有了普惠价值，让大家随时随地都可以拍照。封装化技术推动了社会进步。技术让原本需要专业能力的事情变得简单，让更多的人可以使用。从这个角度看，小微企业主也可以使用原来用不起或者不会用的技术。

第三，融资难。因为小微企业的信用和资产规模难以满足金融机构的要求，所以普遍面临融资难的问题。如果银行能看到企业真实有效的业务和基于业务场景的数据，数据金融化就能发挥作用，帮助企业获得贷款。小微企业可以用企业的社保、税金及公积金数据获取银行的贷款支持，推动企业发展。

第四，小微企业一般业务简单，同质化竞争严重。它们也需寻求一种数字化能力和定制化服务，以区别于竞争对手，对客户进行差异化服务。这需要一套性价比更高的体系来支撑。

2. 平台产品与服务

小微企业业财税一体化平台的产品与服务见图 5-12。

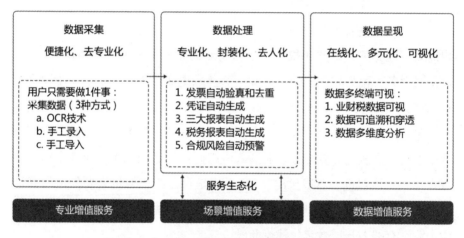

图 5-12　小微企业业财税一体化平台的产品与服务

（1）平台的基础服务能力。

对于小微企业主来说，可以用 3 个标准来检验系统的易用性。一是数据采集是否更便捷，是否采用了 OCR 技术；二是人的参与度是否更低，专业处理是否为封装化的，不需要人来管理；三是数据流动是否更快，做完数据采集，系列报表分析和数据的呈现都自动完成，企业主可实时看到业务结果。

对于数据采集，小微企业只需要用手机拍照、在手机上录入数据，或者在电脑上导入数据。之后的数据处理和数据呈现都是去人化的。比如发票可以自动验真和去重，凭证、财务报表及税务报表都可以自动生成。合规风险也可以自动预警，比如票开多了、税负不足了，都能够得到显性化提醒。企业主可以在线看到业财税处理的结果，而且是多元化视角，即业财税的数据可追溯、可穿透，呈现企业基础的数据经营分析。

（2）平台的增值服务能力。

小微企业业财税一体化平台的增值服务能力分析见图5-13。

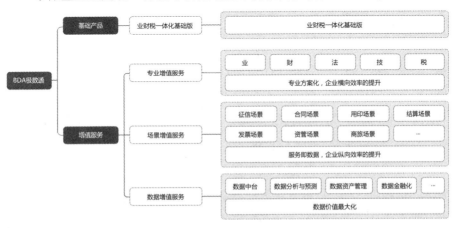

图 5-13 业财税一体化平台的增值服务能力分析

小微企业数字化平台实现增值服务的前提是内联外通。比如小微企业与微信小程序连接，通过二维码扫描方式录入信息，客户扫二维码就可以在线下单，企业接到订单立即做后续服务。小微企业需要更专业、生态化的服务，对平台的服务按需付费，以减少人员成本。如法律和财务服务，小企业主可以不雇佣专职人员。在起草审核合同、查询客户征信信息，或者出差订机票等场景下，系统不用跳转到其他地方，是同步在一个系统里。平台还可以做数据增值服务，如企业主觉得报表不能满足需求，想定制个性化报表，平台也可以提供。

平台为小微企业提供了基础数据记录服务，而且专业化服务是封装在系统内部的。当企业的需求还得不到满足时，可以用共享的方式，在平台上寻找业、财、法、技、税方面的专家为企业提供服务，按需付费。这种服务是基于场景的，如基于天眼查、合同审核、电子印章、发票开具、资产管理及商旅等场景。对于从场景化出发的服务，企业主也是按需付费。业财税系统还可以为代理记账公司提供业、财、法、技、税方面的增值服务，服务方式多样化、场景化。

随着企业规模逐渐扩大，企业可能需要数据中台服务，如数据的分析和预测、数据资产管理及数据金融化服务，使数据价值最大化。共享平台从性价比上看是最优的，因为这些企业的需求简单，服务内容也不复杂，平台既可以满足其标准化需求，也可以满足其差异化需求。这就是整体产品和服务的设计思路。

小微企业可以在生态化的共享方案中下载方案。方案源于生态里的专家。这些专家来自不同行业且有多年行业经验，可以为不同行业的小微企业设计不同的解决方案，帮助其选择更适配业务场景的方案。小微企业可以下载方案至业财税一体化平台使用，提升企业的业务能力和服务能力，扩展生态边界。生态共享就是把小微企业、客户和供应商连接在一起，提高黏性。

可扩展方案包括但不限于人力资源、客户管理、费用报销、固定资产管理、进销存管理，以及专业解决方案，植入场景包括电子签约、电子发票、发票验证、电子印章、法务、税务筹划等。这些都是围绕业务场景提供生态化共享服务。

3. 核心价值

基于小微企业服务的业财税平台的核心价值就是提供生态化服务。

小微企业可根据自身发展阶段，逐步扩展数字化能力，这样压力较小。小微企业没必要买一个大而全的产品，就像智能手机一样，可能花了很多钱，却只用了极少的功能，造成浪费。如果小微企业花3%的钱，购买6%的功能，能够100%运用好，就很成功。后续可以按需付费，这样成本最低。小微企业倾向于轻资产自运营，当需要生更多方案、更多专家时，按需付费即可，这样可有效减轻企业负担。这就是平台给小微企业带来的核心价值。

对于传统的代理记账公司而言，用这套体系的好处就是原来需要专业财务人员处理的事情，如数据的采集和录入，可以替换为非专业人员完成，专业的财务人员可以做更有增值潜力的服务。代理记账公司可以在这个平台的基础上搭建一个财务专业服务的共享中心，接收和处理小微企业的定制化服务需求，提供更多优质资源。这会让代理记账公司和专家这两个生态建立更多的黏性和自主交易。

下面简单呈现业财税共享平台的一些功能，各种功能展示见图 5-14 ~ 图 5-19。

图 5-14　OCR 票据识别

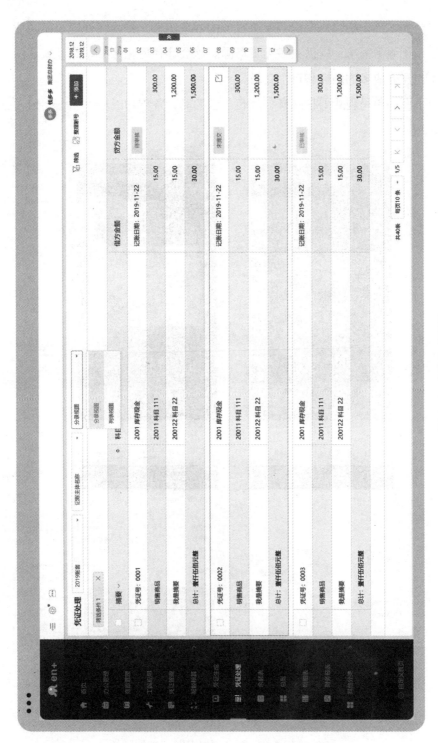

图5-15 自动生成票据

序号	资产	行次	期末余额	年初余额	负债及所有者权益	行次	期末余额	年初余额
1	其他流动资产	1	102,100.00	29,382.00	其他流动负债	1	1,500.00	2,000.00
2	流动资产合计	2	20,280.00	4,340.00	流动负债合计	2	2,820.00	4,200.00
3	非流动资产	3	15,280.00	20,270.00	非流动负债	3	5,300.00	2,940.00
4	活期债券投资	4	4,300.00	3,300.00	长期借款	4	42,210.00	3,210.00
5	活期股权投资	5	5,600.00	6,528.00	长期应付款	5	51,200.00	60,298.00
6	固定资产原价	6	1,950.00	300.00	递延收益	6	1,900.00	3,930.00
7	累计折旧	7	26,390.00	10,090.00	其他非流动负债	7	2,600.00	1,620.00
8	固定资产账目价值	8	3,230.00	20,340.00	非流动负债合计	8	3,100.00	27,230.00
9	在建工程	9	20,320.00	3,740.00	负债合计	9	2,220.00	3,200.00
10	工程物资	10	1,136.00	30,900.00	股东权益	10	100.00	3,900.00
11	固定资产清理	11	18,280.00	29,230.00	实收资本	11	100.00	2,050.00
12	生产性生物资产	12	2,300.00	3,100.00	资本公积	12	2,300.00	3,100.00
13	无形资产	13	5,275.00	6,400.00	结余公积	13	500.00	6,825.00
14	开发支出	14	2,222.00	1,500.00	所有者权益	14	2,222.00	1,500.00

图5-16　自动生成的报表

主表

小微企业免税政策标准化增值税申报表

增值税纳税申报表（适用于增值税小规模纳税人）

纳税人识别号：163888888899999
税款所属期：
税款所属期：
金额单位：
填表日期：

当期销售不动产

当期销售不动产和除差额后的不含税销售额

当期销售不动产扣除额（不含税）

项目	档次	本期数		本年累计	
		货物及劳务	服务、不动产和无形资产	货物及劳务	服务、不动产和无形资产
（一）应征增值税不含税销售额（3%征收率）	1				
税务机关代开的增值税专用发票不含税销售额	2				
税控器具开具的普通发票不含税销售额	3				
（二）应征增值税不含税销售额（5%征收率）	4（4之5）				
税务机关代开的增值税专用发票不含税销售额	5				

图5-17 自动生成纳税申报表

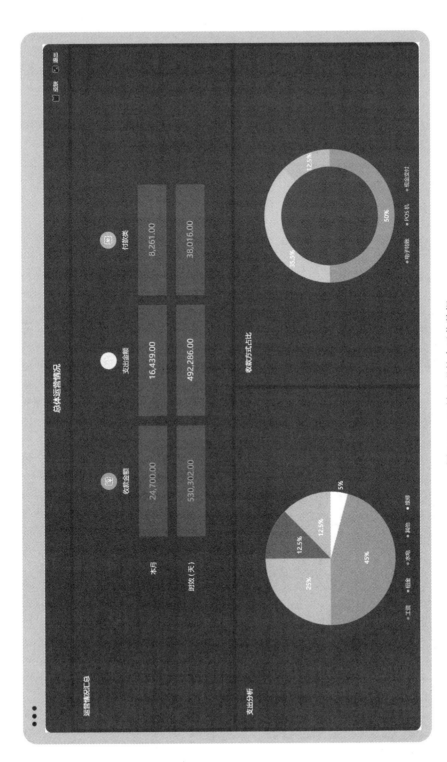

图5-18 PC端呈现的多元化数据

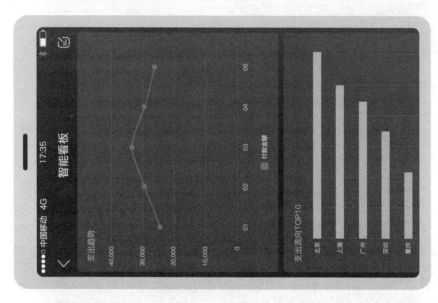

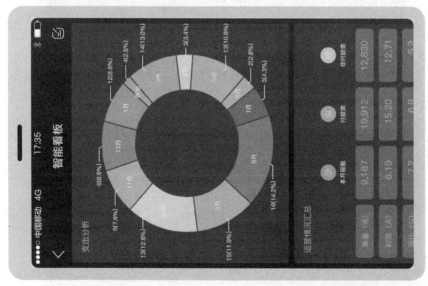

图5-19 移动端呈现的多元化数据

可以看到，通过发票的 OCR 自动识别和切割，影像在手机上呈现，自动填充，系统会自动生成凭证、三大报表及纳税申报表。平台还会自动生成一些基础的经营分析结果，比如收款趋势、收款占比、支出趋势及 Top 客户分析等。这些基础分析在移动端和 PC 端都可以呈现。

当企业查询客户资料时，可将客户基础信息录入天眼查，客户资料在查询后就自动填充到客户档案里，提高了客户信息的录入效率。见图 5-20。

小微企业还可到方案中心下载安装方案，如果还不能满足需求，可提出定制化需求，会有专家迅速响应。见图 5-21。

5.4.2 综合案例：云南建投智慧工地案例

前面讲到大数据、物联网和人工智能在智慧共享中的应用，智慧工地则将智慧共享、融通共享和生态共享这 3 个类型很好地结合了起来。下面通过案例阐述一些细节。

1. 案例简述

（1）项目背景。

2019 年 2 月，住房和城乡建设部、人力资源和社会保障部发布《建筑工人实名制管理办法（试行）》，要求所有建筑工地的用工必须采用实名制，用工信息必须上传到建筑工人实名制管理平台。

为了提高工地管理效率，需要用物联网技术、无界面数据采集技术，以及硬软结合的技术，实时统计员工在线人数、安全在线人数，以减少安全事故，以及通过在线发放薪酬解决欠薪问题。

（2）工地痛点。

1）工人现场管理困难。工地虽然有传统门禁做出入管理，但无法统计在场人数。由于农民工的流动性比较大，现场工人的工种、所在位置和工时都很难准确统计。

2）施工安全管理困难。工人进入危险区域若不提前预警，一旦发生事故，建筑施工方将面临追责和赔偿。

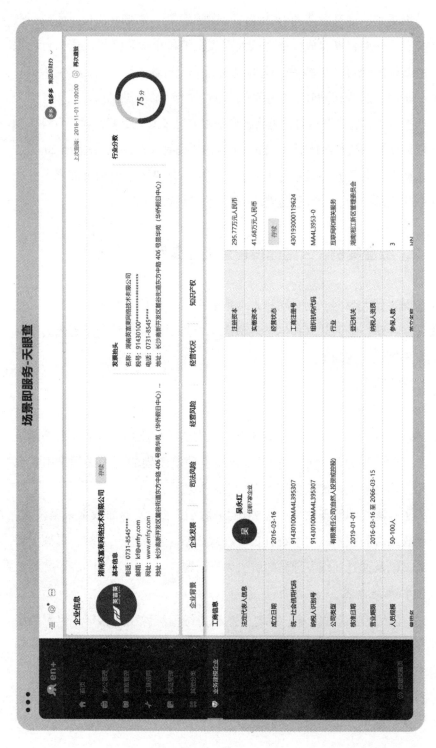

图5-20 天眼查功能

图5-21 方案中心下载安装方案

场景即服务-天眼查

钱多多 集团总财务

方案应用

项目管理　库存管理

已安装

软件企业CRM项目合同管理　提供商：en+
项目驱动型企业项目获客周期和项目执行周期的方案

体验　安装

软件企业CRM项目合同管理　提供商：en+
项目驱动型企业项目获客周期和项目执行周期的方案

体验　安装

订单管理　提供商：管理专家
项目订单管理为企业解决未进销R企金面的项目订单管理

体验　安装

业务管理
提供更全面的企业务管内容

共4条　每页10条　1/1

◇ 第 5 章　共享财务的类型 ◇

131

3）民工薪酬管理困难。工程承包方欠薪问题屡禁不止，所以在薪酬结算时要避免把现金发放给承包商，而是直接通过银企直联方式直接发放给工人，减少欠薪导致的群体事件。

（3）**解决方案**。

上述问题都需要围绕人来解决。只要把工人的工种、出入记录、所在位置、行动轨迹记录准确，后续的工资结算和发放问题就迎刃而解。把原来严重依赖工地管理人员的手工录入和人工巡检方式，转变为通过物联网和互联网技术，无感化地实时采集方式，就能实现风控在线和动态管理。解决方案需融合智慧共享技术、融通共享的数据连接能力及生态共享的数据金融化服务能力。

解决方案的目标：

1）提供可视化管理，直观呈现人员管理、安全监管、薪资发放情况。

2）采用物联网和无界面采集平台，使数据采集更便捷、人工干预更少、数据流动更快。

3）基于数字化全生命周期角度，重新定义建筑行业数字化转型的方式与过程。

可视化管理方面，系统要直观地呈现现场人员数量、是否进入危险区域、薪酬发放状态，以及用户信息是否已上传至相关实名制管理平台。

在硬软件结合方面，硬件端要使用无界面采集的物联网技术，通过机器或传感器采集人的行为，做到实时风险预警；软件端要和硬件采集的数据结合，做到风控在线、工人在线和数据在线，为动态管理服务。

2. 物联网无界面数据采集与工地风控

云南建投智慧工地方案见图5-22。数据共享看板可显示实时的工人人数、工种分布、危险区域人数（授权在危险区施工的工人）和危险区异常活动人数（未经授权进入危险区的工人）。

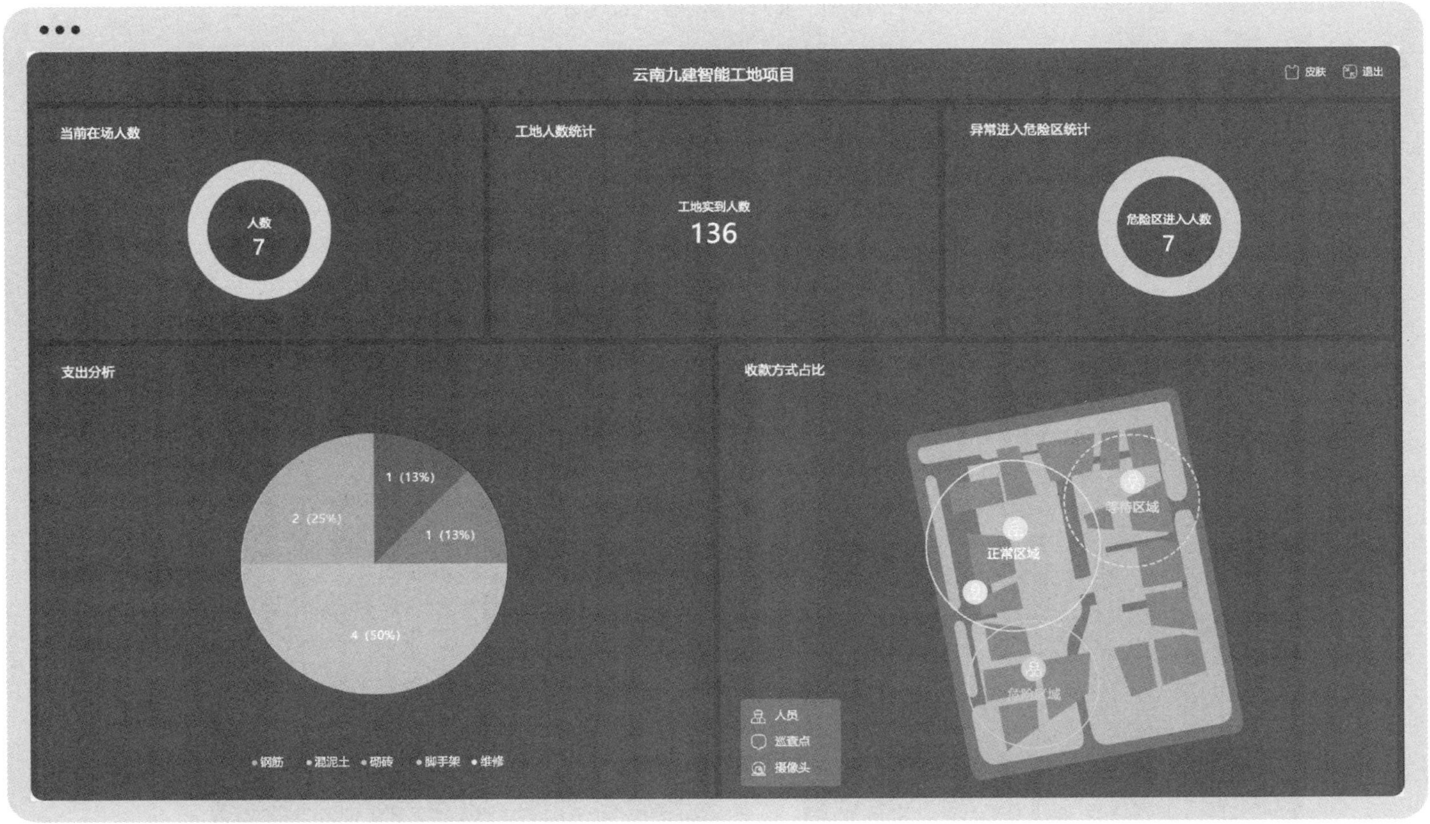

图5-22　云南建投智慧工地方案

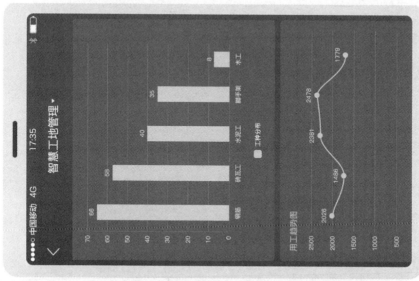

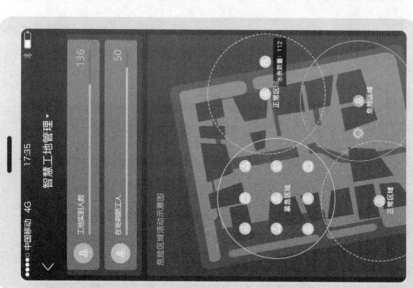

图5-22 云南建投智慧工地方案（续）

b）

（1）用工实名制数据采集。

用工管理要从源头，即工人的入、离、调、转的数据采集开始。以前，工人入职没有采用实名制，人员信息有被假冒的风险，且数据统计困难，无法共享和传递。国家要求实名用工后，通过无界面进场交互的 NFC 技术，把二代身份证放在采集设备上，就可以校验身份证真伪，同时把身份证信息自动填入用工采集系统，再通过接口传递到相关实名制用工平台。这种采集方式减少了人工录入，提高了用工信息采集效率和工人入职效率，增强了真实有效性，见图 5-23。

用工不规范
无法保障工人实名制入职

手工录入工人信息
手工录入工作量大，效率低

工人管理混乱
工人流动性大，工人信息管理困难，信息无法共享

身份校验、规范用工行为
避免冒名使用他人身份证或使用假身份证的情况，确保工人实名制管理

身份、人脸信息自动采集
身份证信息、人脸信息无感知采集并自动传输至管理平台，快速办理入职，减少手工录入工作

快速建立工人档案
统一入口的工人档案平台将劳动合同信息、岗位技能信息、历史录用情况进行综合管理，便于调配、人员对号，促进劳务企业合法用工

图 5-23　用工实名制身份证信息采集

同时，现场的 OCR 设备会将拍照的工人照片与提供的身份证做人脸对比。如果匹配不成功，就采用第二套机制，采集指纹，并与身份证绑定，确定其唯一 ID，见图 5-24。

从图 5-25 可以看出，传统闸机和智能闸机的区别就在于智能闸机是无界面的数据采集。传统闸机工人出入是刷工卡，没有人脸识别，不能确定工人是否真实入场，考勤数据不一定真实。智能闸机增加了人脸识别设备，并且和安全帽做绑定，可以以秒级速度识别人，可以清楚识别工地的在场人数、工种、位置分布，也为薪酬考核和计算提供了精准的数据，见图 5-26。

第 5 章　共享财务的类型

135

工人基本从业信息登记表

姓名	王磊	性别	女
身份证号	▓▓▓	出生日期	1989-01-23
民族	汉		
签发机关	长春市公安局南关分局	工种	模板
证件有效期起	2015-07-27		
证件有效期止	2035-07-27	联系电话	▓▓▓
文化程度	本科		
家庭住址	长春市南关区大连路大连路社区委		
所属承包商	第一工程承包商	项目	丽春花园基础
工涨标准	300.00	收款人	王磊
所属班组	A班组		
开户名称	招商银行		
结算方式	计日结算		
开户支行	招商银行中关村支行	银行账户	▓▓▓
是否完成基本安全培训	是	是否任职	是
		进场时间	2019-11-25

劳动合同

技能（职称或岗位证书）普领

安全培训确认书

证件册

现场采集的照片

图5-24 用工实名制指纹信息采集

传统闸机

刷卡进入工地，效率低，使用率不高

无法准确定位入场工人

考勤数据不可用

智能闸机

1秒人脸识别，快速入场

清楚盘点在场工人，工种分布

为薪资核算提供可靠的考勤数据

图 5-25　传统闸机和智能闸机比较

工人考勤记录　　　　　　　　　　　　　　　　　　　　　　　　　 导出　打印

序号	工人姓名	工人身份证	进出方向	进出时间	闸机ID	工种	安全帽ID	未回款金额	安全帽是否上线	安全帽电量
1	李国跃		进	2020-11-28 09:15	闸机1	砖瓦工	1928199002	人脸识别通过	是	80%
2	黄鑫鑫		进	2020-11-28 09:10	闸机1	木工	1928199001	人脸识别通过	是	89%
3	石正昌		进	2020-11-28 09:11	闸机1	脚手架	1928199003	人脸识别通过	是	93%
4	王林		进	2020-11-28 09:11	闸机1	脚手架	1928199004	人脸识别通过	是	77%
5	丁光思		进	2020-11-28 09:12	闸机1	电工	1928199010	人脸识别通过	是	85%
6	李慧芳		进	2020-11-28 16:29	闸机2	钢筋	1928199029	人脸识别通过	是	96%
7	何去		进	2020-11-28 17:01	闸机2	钢筋	1928199019	指静纹通过	是	67%
8	李思思		进	2020-11-28 09:01	闸机2	泥水工	1928199028	人脸识别通过	是	100%
9	周达		进	2020-11-28 18:20	闸机2	脚手架	1928199006	人脸识别通过	是	66%

图 5-26　工人考勤记录

　　以前的安全帽只是一个传统劳保用品，没有物联网化，无法识别人。当在安全帽加装物联网传感器后，每次工人进场，就可将安全帽与人脸绑定。安全帽可以临时与任何人绑定，即不需要每个人用专属的安全帽，以减少安全帽的管理难度，见图 5-27。

　　安全帽与人脸绑定后，会和整个网格化的物联网区域做实时交互。当工人进入危险区域的预警距离范围，安全帽会实时发出预警，通知安全管理员做快速响应，减少事故的发生。这种实时提醒是由数据而不是人驱动的，所以效率较高。同时，看板上的图形会闪烁，提醒安全风险，见图 5-28 和图 5-29。

安全监管手段单一

仅靠发放劳保物品、人员监督和施工前的安全培训无法实现完全有效的安全保障

危险活动处理效率低

无法及时发现危险活动，相应速度低

精准定位工人

工人每次入场时临时绑定安全帽。可在很大程度避免安全帽拿混，无法准确定位到具体人员的情况

安全预警

可根据工地实际情况设置多个危险区域，迅速检测危险活动，项目经理在手机端收到实时的预警通知，管理层可在看板示意图查看各危险区域出现的工人

图 5-27 安全帽加装物联网传感器

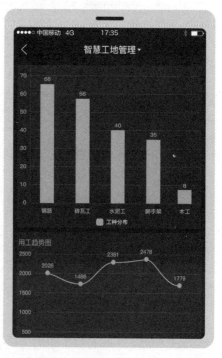

图 5-28 手机端预警示意

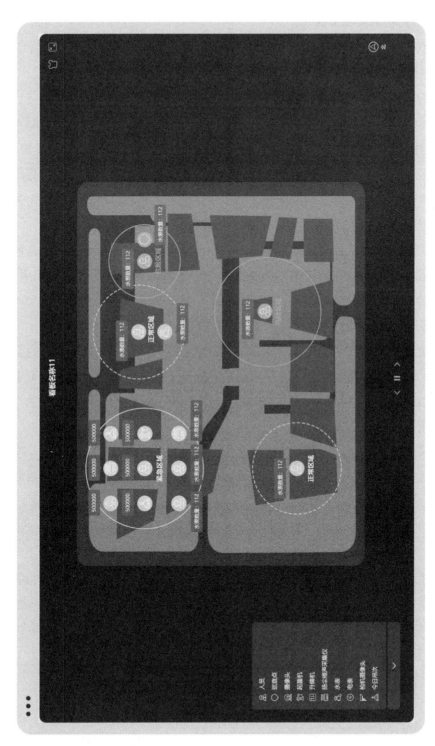

图5-29 安全预警区域显示

（2）薪酬处理智能化。

传统的薪酬计算是人用 Excel 统计工人的考勤打卡记录，然后核算工资。财务共享方式可做到自动化处理。

平台可精准追溯每个工人的工资，并和银企直联系统对接。平台还会为每个工人建立工资台账。因为工人工资是按工程进度或工作量发放而不是按月发放，存在分次发放的情况，所以工资台账会记录累计应付工资、累计已付工资和累计未付工资。工资台账搭建好后，工资发放与银企直联的接口绑定，工人直接从银行领工资，减少了人工干预，避免承包商拖欠工人工资或者携款潜逃的风险。见图 5-30。

新的管理方式让建筑方变成了一个平台性服务公司，而承包商的角色也发生了改变，实际上扮演了猎头的角色，即找匹配工种的工人来干活，然后获得对应的佣金。

3. 数据金融化

数据金融涉及生态共享的能力。在建筑行业，金融和业务有很强的交互关系，因为涉及资金，各方都在不同时段需要临时性融资。因为建筑工程施工周期长，在资金短缺的情况下，需要银行垫资，这需要使金融工具。系统可以完成以下功能：

第一，可以把工人薪酬的数据共享给金融机构，完成数据金融化。金融机构可以和建筑方协商，提供工资垫资服务，以减少建筑方支付工资的压力。

第二，可以将灵活用工体系与金融结合起来。比如在发放工资时，工人希望多卡绑定。

第三，可以为工人提供个人信贷。因为农民工基本上没有可追溯的征信数据可查，而基于真实的用工场景则会产生真实可信的数据，将这些数据共享给金融机构，金融机构就可以看到工人在工地上干了多少活，应付多少工资，还有多少工资没有发放，可以在精准控制风险的前提下，为工人提供个人小贷业务。

所以，当物联网技术与软件技术结合后，会衍生很多生态和机会。

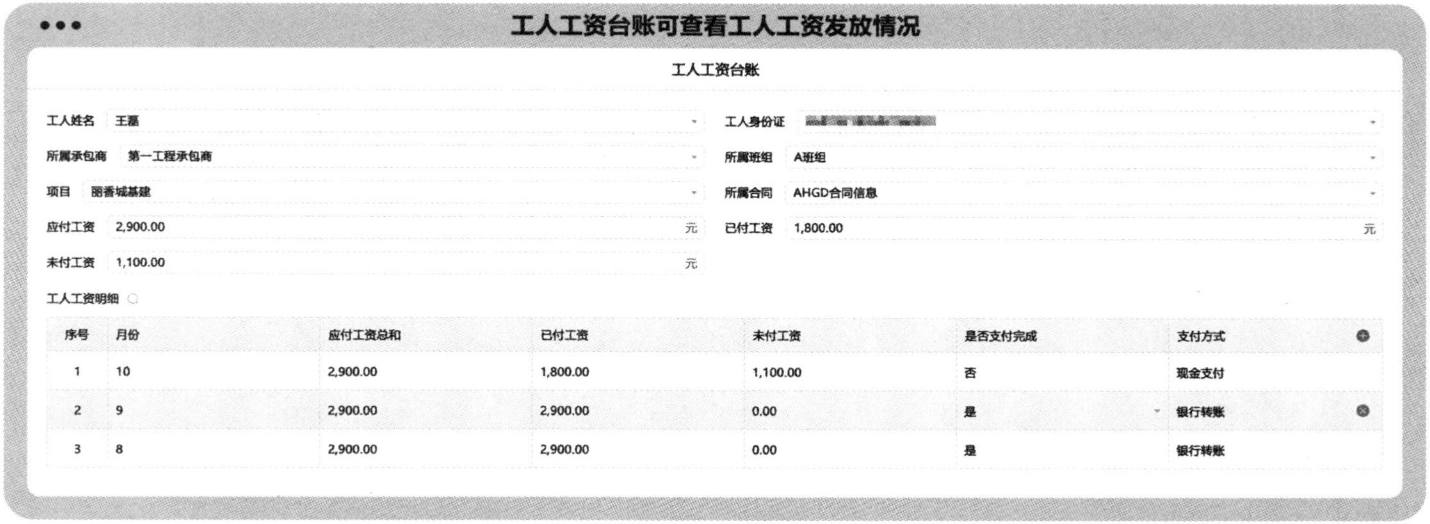

工人工资台账可查看工人工资发放情况

工人工资台账

工人姓名 王磊 　　　　工人身份证 ▓▓▓▓▓▓▓▓
所属承包商 第一工程承包商 　　所属班组 A班组
项目 丽香城基建 　　　　所属合同 AHGD合同信息
应付工资 2,900.00 元 　　已付工资 1,800.00 元
未付工资 1,100.00 元

工人工资明细

序号	月份	应付工资总和	已付工资	未付工资	是否支付完成	支付方式
1	10	2,900.00	1,800.00	1,100.00	否	现金支付
2	9	2,900.00	2,900.00	0.00	是	银行转账
3	8	2,900.00	2,900.00	0.00	是	银行转账

图5-30 工人工资台账

赋 能 篇

第6章　赋能需要解决的问题

共享财务的赋能可分为思维赋能和技术赋能两个方面。财务人员目前面临的最大问题是不懂数字化技术，因此，如何跨越专业与技术之间的鸿沟是重点。

 思维层面的问题

6.1.1　线性思维

线性思维就是沿着线型或类线型轨迹寻求问题解决方案的一种思维方法。线性思维在一定意义上属于静态思维。

线性思维特征如下：

1）简单复制过往的经验推断未来，如认为大公司不会有坏账。

2）将结果反推为单一原因，如一条产品线亏损，就认为这条产品线不好。

3）认为事物的发展变化是匀速的，如认为预算编制就是数字游戏。

4）认为单一因素导致某一结果，如认为学财务的不能解决业务问题。

线性思维局限性较大。通过前面章节的学习，大家应该已认识到，财务人员应该帮助解决业务和技术问题，只有了解业务和技术，才能用业财融合的思维指导业务和技术。除高层管理者外，最关注业财两端数据的是财务人员，这是财务人员的优势。其实财务人员身边有个"金矿"，就是数据。财务人员能够全面了解企业的数据，了解业务的来龙去脉，了解业务每个环节产生什么数据，哪些数据可以反映经营活动，并把经营活动用权责发生制规则体现出来，变成统一的商业语言，进而为决策者提供有价值的信息。因此，财务人员不应仅仅成为事后价值的记录者，帮助决策者创造价值才应是财务人员的重要定位。

虽然财务人员经常与数据打交道，但传统观念认为他们并不是数据管理大师，也不是数字化转型的大师，仅是一个记录数据的人。事实上，财务人员有很强的逻辑分析能力和数学能力，是具备成为数据管理大师或数字化转型大师的条件的。

有很多 CFO 成为 CEO，如阿里巴巴的张勇、蚂蚁金服的井贤栋等。当财务管理者了解战略、了解数据，看问题更宏观、更全面时，发展就会越来越好。传统观念认为 CFO 偏保守，思维是有局限性的，没有业务人员的冲劲，如果 CFO 去当 CEO，业务是无法推动的。随着技术的发展，从最近对世界 500 强公司统计来看，CFO 成为 CEO 的比例超过了 23%，预计未来会接近 30%，这是一个相当大的比例。当财务管理者的思维越来越全面，对业务的理解越来越深刻，就可以承担起 CEO 的职责。

6.1.2 局部思维

局部思维是将局部结论直接用于整体的一种思维方式。

局部思维特征如下：

1）信息不对称，数据割裂，按岗位职责考虑问题。

2）只考虑局部利益而不是全局利益最大化。

3）认知范围受限，就像盲人摸象。

不少财务人员认为把记账和报税等基本工作做好就可以，其他事情跟自己无关，没必要花精力研究讨论。这是个认识误区。如果财务人员不往前跨一步，永远在自己封闭的圈子里做事，得到的就永远是局部信息，信息永远不对称，这个岗位就越来越没有价值，容易被替代。大部分财务人员都担心被时代淘汰，那么就一定要注意线性思维和局部思维对自身的影响，要经常反思自己看问题的角度。随着时间的推移和认知的变化，就会发现自己以前的结论可能是不对的。财务人员在思考问题时，一定要从长期和短期、全局和局部、线性和非线性、聚焦性和发散性等多个角度综合考虑。

 技术层面的问题

6.2.1 懂技术的不懂专业，懂专业的不懂技术

专业和技术的鸿沟是财务人员进步的一个客观障碍。财务人员只懂得甚至精通 Excel，甚至可以编写宏命令，也具备使用各种 BI 的能力，如 Power BI 及其他统计分析软件，可还是解决不了业务和管理问题。这是因为懂技术的不懂专业、懂专业的不懂技术。

财务人员、业务人员和技术人员都应关注数据。业务、财务和技术会从不同的角度去看数据：业务关注数据是因为数据涉及业务发展；财务关注数据是要保证业务的真实性，风险可控，能为管理所用；技术关注数据是看数据能否正常采集或者传递，能否服务于企业。如果大家都以数据为目标，并强化沟通，就会跨越鸿沟。

6.2.2 业务逻辑与系统逻辑高耦合的问题

技术人员写代码时需要让业务逻辑与系统逻辑高度吻合，若业务逻辑发生变化，技术底层就需要改写代码，以实现新的业务逻辑。

这种合作模式受制于专业和技术的鸿沟。因为财务不懂代码，不知道该怎么解决问题，即便有新的想法，用 Excel 或者其他工具也无法实现。由于涉及数据间的流动、处理和控制状态的逻辑，所以需要从方案设计开始思考。

6.2.3 个性化开发的问题

个性化需求必须通过写代码才能实现，专业不能脱离技术。在数字化

时代，智能的目标和规则应该实现技术普惠，应释放不懂技术的专业人士的潜能，让技术赋能人，帮助人解决问题。

在数字化时代，要用技术解决专业问题，让专业人员脱离对代码的依赖，用去代码、"搭积木"的方式解决大家想解决的问题，包括业务、财务和管理问题。

第 7 章　赋能的方式

思维赋能：融通化

思维赋能的核心是融通化。在深度思考问题的时候，若将线性思维和发散思维相结合，局部思维和全局思维相结合，既关注宏观，也关注细节，就有利于执行。这就需要把开放思维、对等思维、共享思维、全局思维加以融通。

7.1.1　开放思维与封闭思维

开放思维是指突破传统思维定式和狭隘眼界，多视角、全方位地看问题；封闭思维是指思考问题时把事物彼此割裂、孤立起来，具有保守性、被动性和消极性。

传统企业会设立不同的部门，如财务部、销售部、生产部及人事部等，这会导致人、数据及信息的割裂。数字化时代形势发生了很大的变化，很多企业都推行阿米巴化、扁平化组织，因为在这种组织模式下，事务性、功能性的流程与数据不再割裂，业务场景需要哪种服务，哪种专业组织及人员就会积极匹配和响应，就像特种部队一样。在特种部队中，每个成员都有自己的专长，也都有补位的能力，以保证在战场上有人出现伤亡时，其他成员能够及时补位。这种相互补位、一专多能的机制，可大幅降低信息不对称带来的协作成本，让整个团队迅速反应，迅速解决问题，团队的战斗力会大大增强。企业也一样，为了更好、更精准地为客户服务，一定要突破割裂的方式。

传统企业的财务部门经常处于封闭的空间，大门是要锁上的，甚至还有栏杆和门禁。现在很多互联网公司的财务部门都是开放的，至少在物理层面让员工感觉到大家是平等的。开放空间并不妨碍涉密或敏感信息的安全。因为财务人员都是有职业素养的，敏感信息一定会到会议室等隐秘的地方沟通。在物理空间打开以后，大家会觉得比较开放，容易沟通，容易把信息连接起来。打破这种物理空间的隔绝，也促使财务人员积极思考如何连接更多外部信息。"连接大于拥有""能做什么，不是你拥有什么资源，而是你跟谁连接"。连接生态，连接行业伙伴，会让企业的业务空间有更多扩展。

7.1.2 对等思维与单边思维

单边思维是只考虑自己，不顾及他人的思维方式。对等思维即多边思维，是站在他人的角度考虑问题的思维方式，通常以多边平台的方式实现。

对等思维（多边平台）的核心是消灭关键阻力，做法分为以下两步。

第一步，找到并消灭核心关键阻力。例如，阿里巴巴在电商领域做得好就是因为其抓住了两个核心点：一是消灭信息的阻力，即做供需的匹配；二是消灭信任的阻力，阿里巴巴通过支付宝这一第三方平台来约束买卖双方，建立了信用体系。

第二步，找到增长逻辑，活用数据，建立反馈闭环。阿里巴巴很早就在建设数据中台，不断地完善其商业数据闭环。甚至有专家认为蚂蚁金服C端的征信体系数据比央行还要完整。因为阿里巴巴可以看到所有在平台的商家的交易数据和消费者数据，利用这些数据建立了独立的信用评估体系。以数据为基础的信用体系可信度会非常高。

7.1.3 共享思维与独享思维

独享思维是指在资产的所有权和使用权不分离的情况下的排他性思维，资源的经济价值受限于拥有者。共享思维是允许资源的所有权和使用权分离的利他性思维，让资产的使用效率和价值最大化。在按需付费情况下，资产只需在使用时才做匹配，这种状态可能是资产的最优配置状态。租赁模式和共享模式因为在性价比和成本节约层面具有优势，会成为未来比较普及的方式。共享思维让企业的边界不受限制。因为其核心思想就是连接，企业因连接生态才有共享的机会，才能把别人和自己的资源利用起来。

社会和企业的组织形态也是一种共享。未来企业和员工之间的关系不再是雇佣关系，而是在企业提供的赋能化平台上的一种合作关系，通过这种生态化的合作为客户服务。这是一种临时性组合，而不是固化的合作关系。形式不重要，重要的是这种合作能否及时响应客户的场景需求。合作伙伴在共享中扮演不同角色，连接起来会让这个世界更加丰富多彩。

在新冠疫情期间，大家不得不远程办公。其实在此之前，德国、瑞典等欧洲国家和地区已经开始了智慧办公，员工可以在离家比较近的写字楼租赁一个办公工位，且位置每天都在变化，每天坐在一起办公的人是不一样的，来自不同的公司、不同的岗位。这种机制的好处是节约了通勤时间，减少了汽车尾气的污染，让员工有更多时间去做更有价值的事情，也不耽误工作，比完全在家办公也更容易集中精力。员工在共享空间里面还能连接各个行业、岗位的人，发现新的合作机会。但这并不意味着员工不用到公司了，员工仍然要定期到公司参加会议，加强同事之间的互动和联系。共享和集中不是非此即彼，把这些方式利用好，机会就会越来越多。

7.1.4　全局思维与局部思维

局部思维是将局部结论直接用于整体的思维。全局思维是指考虑问题时按照由点及线、由线及面的过程逐步放大思考，是一种从微观到宏观、再从宏观聚焦到微观的思维过程。

只讲战略不讲落地，只讲落地不讲战略都是不可取的。既要埋头拉车，也要抬头看路，二者一定要结合。全局思维是融通化的思维，就是通过现象看本质，不是陷入局部的细节拔不出来。业内经常讲的"跳出财务看财务"，也是全局化思维。把财务融入业务服务场景，把数据提供好，把业务服务好，把风险控制好，也是全局化思维。

在赋能化方案设计和方案落地时，一定要站在以终为始的角度分析问题和解决问题。终点即目标，想清楚目标要起什么作用，要达成什么效果，为谁服务，提供什么数据，解决什么问题。再对目标进行拆解，最细的颗粒度就是数据。数据从哪里采集，做什么样的过程处理，做什么样的翻译，做什么样的呈现，解决什么样的问题，最后细化到数据全生命周期管理的微观层面。这就是对全局和局部综合思维的一种能力。当把开放思维、对等思维、共享思维和全局思维都融合在一起时，就能够把问题能够看得更透彻，解决得更好。

7.2 技术赋能：去代码化

7.2.1 数据建模

1. 数据的意义

万物皆数，一切都可以数据化和程序化。当下，谁掌握了数据，谁就掌握了话语权。

掌握了用户的数据，知道用户的喜好，就可以针对性地提供更为优质的服务，让用户得到更满意的服务。新冠疫情期间，为什么通过一个列车里面一个感染源，政府防控部门就能够知道哪些人跟他同一个车次或车厢，能够快速地识别出高危人群，就是因为政府部门掌握铁路部门购票信息数据。在铁路部门的数据中，通过乘客的身份证号，就能够清晰地知道他的身份及地址信息，以此找到所有的人。在这个过程中，数据就体现出一种便利，提供了控制手段和支持。

任何一个信息系统，其本质都是对数据的管理，数据是其产出结果的一种本质体现，是一种沉淀下来的资产。理解一个信息系统，就是理解其背后数据采集、处理的过程和逻辑关系，如果理解了这个逻辑关系，就会不仅仅停留在功能层面，而是掌握了信息系统的灵魂。这种数据的含义及其逻辑关系是由一个个数据模型组成的研究透数据模型，也就研究透了系统的本质。

2. 数据建模的定义

数据建模是定义数据的属性及分类结构，为数据使用者服务。它包括基本信息、领域属性、关联引用和数据结构，见图7-1。

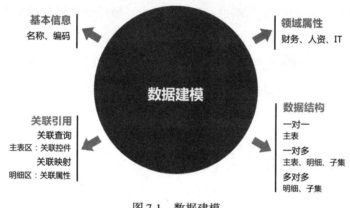

图 7-1　数据建模

（1）*数据的属性。*

数据的属性举例见图7-2。

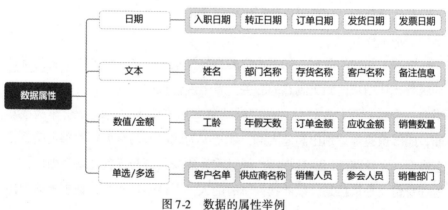

图 7-2　数据的属性举例

数据的属性可分为日期、文本、数值/金额、单选/多选等。

1）日期。员工档案里通常都有入职日期和转正日期等，日期属性有助于统计员工的工龄和司龄。再比如销售信息系统中的订单日期、发货日期、发票日期等。日期属性可以参与计算。

2）文本。文本就是一种字符串。像张三、李四、王五这样的姓名，就是文本；还有部门名称，如销售部、财务部、人力资源部等，一般也会用文本来记录；订单系统中的备注信息，也都是以文本形式体现。

3）数值/金额。员工工龄的长短会影响年假的天数，年假天数就是数值。再比如订单的金额、应收的金额，这些通常都会被定义为数值/金额属性。

4）单选/多选。客户名称也可以表现为单选属性，其与文本属性中的客户名称有何区别？接下来举例说明。在销售订单系统中，每年有十几、几十甚至成百上千份订单。订单里记录了客户名单，可以把这种客户名单定义为基础数据，而在订单系统进行下拉选择的客户名称定义为单选属性。再比如在会议申请场景中，参会人员不止1人，可能有十几、二十几人，这时参会人员通常就会被定义为多选属性。见图7-3。

图7-3　数据的单选与多选举例

（2）数据的分类。

数据的分类见图7-4。

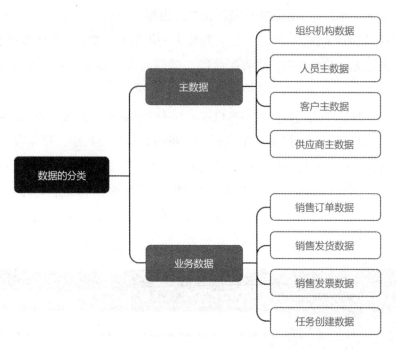

图7-4 数据的分类

数据分为主数据和业务数据。主数据是相对静态的数据，业务数据是日常运行过程中产生的数据，是相对动态的数据。以财务核算为例，会计科目是主数据，会计分录是业务数据，因为每一天、每个月都会产生会计分录数据，而会计科目一般在一定周期内保持不变。主数据一般包括组织机构、人员、客户及供应商等，业务数据一般包括销售订单、销售发货、销售发票及任务创建数据等。

7.2.2 业务建模

1. 业务建模的基本概念

一个优秀的数字化赋能平台需要具备多种建模能力，其中之一就是业务建模。业务建模记录、存储业务数据，同时通过规则对数据进行转换。业务建模向前延伸联通数据建模，引用数据建模的数据定义；向后延伸为管理建模和事件驱动建模提供基础。

业务建模指对业务数据的字段、分类、结构（主表、明细、子集）进行定义，抽象出数据记录与存储的载体，同时通过规则对数据进行关联、处理和转化。

2. 业务建模基本构成

通过业务建模的定义，可以知道业务数据包含字段、分类及数据结构等内容。以商品订单为例，商品订单数据信息包括客户名称、客户电话、送货地址、商品名称等，这些信息称为业务建模的字段。同时需要构建商品订单的数据结构，规划哪些字段在主表，哪些字段在明细，哪些字段属于子集等。若一个订单对应一个收货地址，则将收货地址定义为主表字段。一个订单可包括多个商品信息，则商品信息应该定义为订单所对应的明细。子集则是明细的下级数据结构，是对明细行数据更细的划分。业务建模基本构成要素见图7-5。

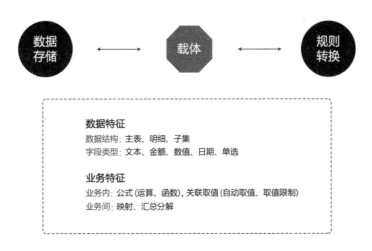

图7-5　业务建模基本构成要素

根据大多数公司的实际情况，通常使用主表和明细的数据结构来构建业务建模数据结构。通过订单的业务建模，解决订单数据载体存储和记录的问题。同时订单涉及相关资金类型的数据信息，其本身与业务建模的数据之间有一定关联关系，可通过数据规则、计算公式进行处理和转换。比如业务建模明细行的金额等于业务建模主表总金额等，通过设置规则和公式，实现自动计算。

3. 业务建模的数据采集与记录

（1）智能识别技术的应用。

业务建模具备存储数据的能力，那么数据从哪里来？如何存储到业务建模？业务建模如何记录数据？对于基础信息的采集，一方面，可以采用手工录入方式，比如手工录入一个订单；另一方面，随着智能财务技术的发展，可以借助 OCR 智能识别技术，更快捷地采集和识别图片、文本票面信息，并将其转化为结构化数据，实现数据的自动录入和采集。如费用报销中的火车票、出租车发票及餐饮发票等，无须手工填写发票信息，只需要将发票拍照，然后通过自动识别系统填充至业务建模对应的单据。这是目前 OCR 智能识别技术的一个应用，可实现数据采集的便捷化。当然还有很多能够使数据采集更加便捷的应用场景，如智能语音识别、物联网连接自动录入。智慧工地就是一个应用场景，通过识别身份证信息，实现工地工人档案信息的采集，这个过程不需要人工干预，大大提升了数据采集效率。

（2）数据关联与引用。

作为数据载体，各个业务建模之间还可以通过数据的引用和关联实现数据的流动和共享。以商品订单为例，通过数据建模定义商品名称、单位、价格等信息，当在商品订单上选择对应商品时，其单位、价格等信息可以自动填充，无须重复录入。

再以合同的全生命周期管理为例，通过合同台账这一个入口，就可实现合同审批、开票、收款等各业务阶段数据的穿透查询，而不需要从多个入口进入系统查询。在合同台账这个业务建模上，通过引用关联控件，集收款、开票等多个业务建模数据于一身，实现自动查询。这就是数据关联的应用场景。

此外，业务建模还具备批量处理能力，例如批量导入导出、接口批量处理、规则批量复制等。当某些场景不支持自动录入时，可采用 Excel 表格导入生成数据记录，批量处理数据，或者采用同其他信息系统对接的方式自动接入数据。现阶段大多数企业都拥有自己的信息化系统，只是没有数据共享平台。此时，可以对多个系统的不同数据来源，进行数据标准和口径的统一，然后经过数据分析呈现所需要的结果。通过上述方式，综合解决业务建模作为信息记录和载体的问题。

4. 业务建模数据转换能力

业务建模规则是助力数据转换的基础能力。以费用报销单到付款单应用场景为例，当费用报销单审批完成之后，需自动触发生成付款单，此时需要将报销单上的相关信息，如报销金额、付款金额、支付银行信息、报销事由等自动带入付款单，而这可以通过规则的继承关系来实现，由此解决了同一套数据多次采集录入的问题。把规则定义给计算机，它能够自动进行处理。

此外，对于数据关系的定义，也可以通过业务建模予以实现。如费用报销场景中付款金额需要小于或等于报销金额，咖啡店线上订单免费送货上门的校验标准是订单总金额大于50元等。通过对各业务场景的标准化梳理和提炼，将规则内置到系统，系统依据内置的规则自动判断。

5. 业务建模的应用能力

业务建模到底能帮助企业解决什么问题，企业有哪些应用场景会用到业务建模的思想？首先需了解业务建模能做什么。第一，业务建模是企业各种业务场景录入数据的载体，它帮助企业将业务数据记录下来；第二，业务建模能对业务数据进行维度、数据标签的自定义，数据记录并存储后，企业可以根据管理需要对数据进行查询和分析。

（1）数据的维度定义。

在定义数据建模时，需要根据企业的管理诉求及业务需求对其进行规划，以实现查询、结果呈现，满足决策需要。以商品订单为例，需同时支持订单按商品名称、部门、销售员、客户等不同维度进行查询，在规划业务建模字段时，就需要给订单打上这些数据维度的标签，以满足后期的数据获取需要。

（2）数据流转对接过程。

业务建模能够对业务数据进行处理、计算、转化和流转。在规划业务建模时，通常需要提前思考数据的定义及数据的流转。业务建模作为记录数据的载体，会涉及数据的输入及输出。目前业务建模支持导入与导出的功能，如果涉及跟外部系统的数据交互，还要考虑接口方式。外部系统不仅包括信息化系统，也包括物联网硬件设备。

6. 业务建模如何搭建和应用

搭建数字化赋能平台需要考虑两个角色，即用户和系统管理员。用户就是业务处理者，他们进行数据的录入、查询等。财务人员就是用户。平台的设计者和搭建者需要对管理员角色进行配置。系统管理员对系统规则和权限进行设置。

（1）管理员的职责。

首先，管理员对业务建模进行配置。在对数据结构进行定义、对字段进行规划后，管理员对业务建模进行配置。配置通过拖拽的方式实现，即将左侧业务建模控件拖拽到右侧区域，即可完成业务建模。整个过程都是去代码化的，见图7-6。

其次，管理员对系统进行权限设置，在企业的数据应用过程中，需要设置不同的权限组。以费用报销单为例，员工只能看到自己的数据，部门主管可以看到本部门的数据，公司管理人员可查看全公司的数据。角色、岗位不同，权限也不同，这些都是由管理员来定义的。

最后，设置关联功能，如流程、规则等。流程设置将在事件驱动部分进行介绍。规则是定义数据处理、继承、数据转换与填充的功能。

通过管理员对数字化赋能平台操作的设置，该平台就为财务人员及非技术人员提供了一个去代码化的工具，可实现数据的自动采集、分析和呈现。

（2）如何规划业务建模。

首先，需要考虑数据特征、数据结构，主表和明细区字段规划。数据特征是指字段属性，如数据属于文本、日期、单选、多选等。

其次，业务建模具有数据校验功能，对于字段级别的属性特征会有明

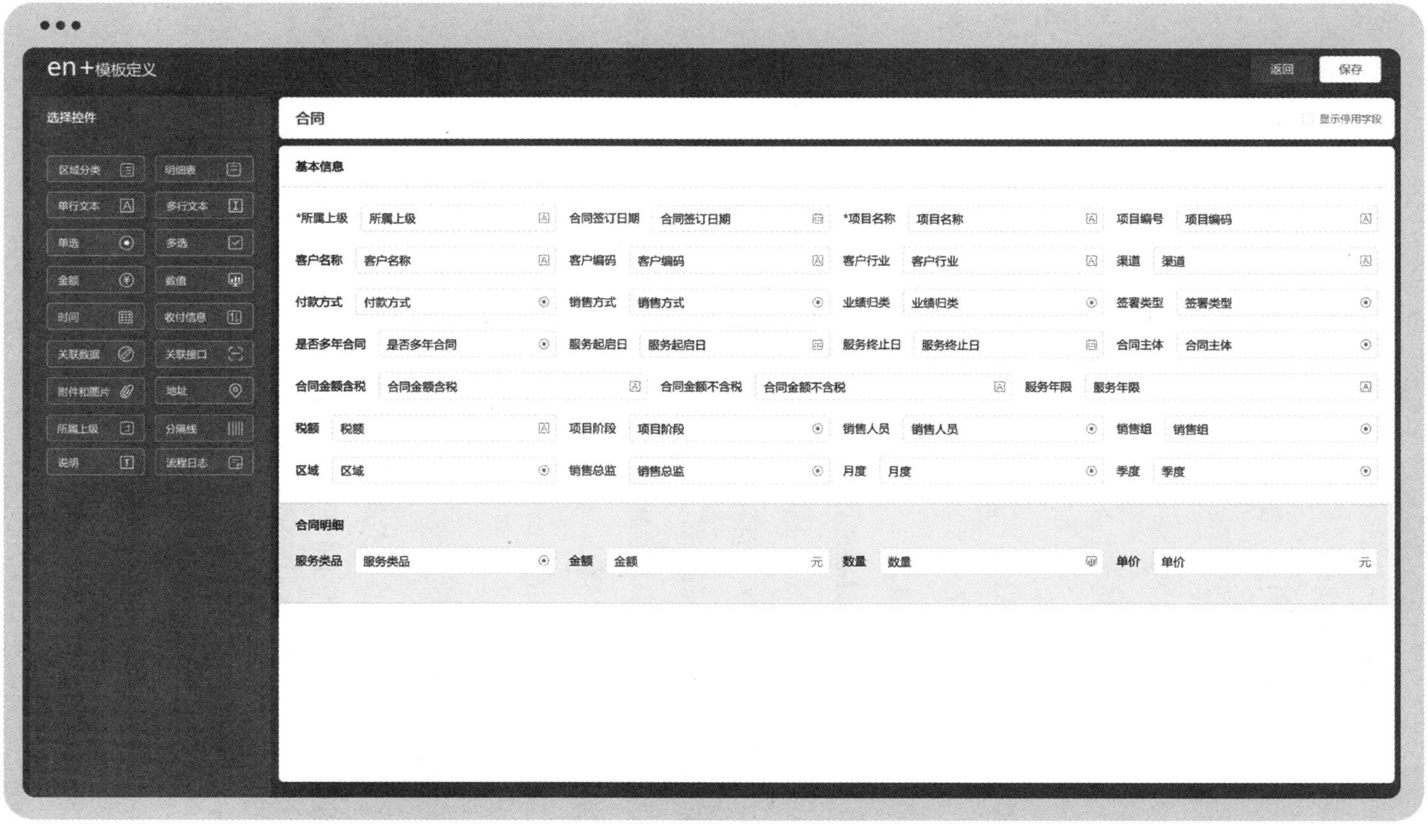

图7-6 系统管理员端配置界面

确的定义，比如字段唯一、必填的校验，数据输入限制校验等。

最后，关于业务建模数据结构，要考虑数据是主表结构还是主表加明细结构，数据主体和附属内容之间是一对一还是一对多的关系。如果是一对多的关系，则数据结构为主表加明细结构，最常见的是订单与商品的关系，通常一个订单存在多个商品明细。

（3）数据属性的认知。

数据属性一般分为日期、文本、数值、金额、单选、多选。把跟时间相关的字段定义为日期类型的数据，如员工的入职日期、转正日期等。文本类型的字段可理解为需要手工输入文字、符号等内容的字段，如备注、原因、电话号码等。业务单据上的单价属于金额类型的字段，数量、工龄等则属于数值类型的字段。

7. 业务建模与数据建模的区别

从数据特征角度来说，业务建模是一个相对动态的系统。如报销单据，只要企业在开展业务，费用支出就必不可少，费用报销单会不断增加，它随着业务开展，不断满足企业动态的数据存储和流转，这类业务定义为业务建模。数据建模可理解为企业相对静态和基础性的资料系统，如企业的组织架构、客户档案、岗位等。

7.2.3 管理建模

1. 管理建模的定义

控制策略由管理维度及控制方式组合而成，包括预算管理、标准管理、内控合规及绩效管理4个方面。企业管理者的意志通过控制的方式和管理的维度相组合来实现。

由此得到管理建模的定义：企业管理维度及控制方式组合成控制策略，为预算管理、标准管理、内控合规及绩效管理服务，见图7-7。

管理者的管理方式和管理意志等决定了管理维度和控制方式，并最终达成标准管理、内控合规、预算管理和绩效管理等方面的内容。下面谈谈管理建模的基本要素。

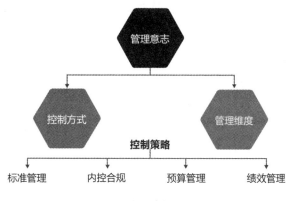

图 7-7 管理建模的定义

2. 管理维度

管理建模的基本要素见图 7-8。

图 7-8 管理建模的基本要素

（1）业务维度。

1）时间，如年、季、月，可配合其他维度使用，这取决于企业的管理颗粒度。

2）部门，与预算科目、项目产品线、客户分类等一系列常见的业务维度或财务维度组合使用。

3）城市级别，一线城市、二线城市、三线城市等城市级别，住宿的标准不一样，一线城市跟三、四线城市的住宿标准不能定成一样的，避免造成三、四线城市标准过高，一线城市员工出差找不到酒店住的情况。对企业管理来说，这种错配会造成员工满意度降低。

4）人员职级，如总经理、副总级别人员，出差可以订飞机头等舱，而总监及以下级别就不允许；住宿及补助的标准，不同级别员工的标准业是不一样的。

（2）财务维度。

包括会计科目管理、预算科目管理。

（3）自定义维度。

3. 管理指标

（1）文本。

如对出差申请中不同职级人员相应的机票、火车、酒店标准的规定等，见图7-9。

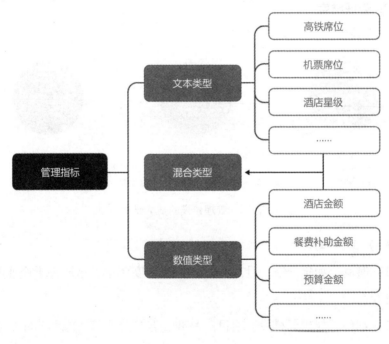

图7-9　管理指标

（2）数值。

在年、季、月的预算中的金额属于数值形式，如××年度业务部业务招待费控制在××元内，也可以是文本加数值等组合的混合模型。

（3）周期累进。

指标管理中有一种周期累进管理。常见的预算管理都是按月累计，通过一个月、一个季度、半年度、一年总计预算额来控制，如酒店报销、餐费补助标准为单一标准，周期累进与次数有关。

4. 控制策略

将管理的维度和指标组合后，接下来就是控制策略的问题，即企业的控制策略是什么，是综合控制还是明细控制。赋能化的平台应按照管理建模的思维构建，使管理者的意志能够付诸实践。

在这个体系中，绕不开、必不可缺的是预算管理的维度，也就是管理的颗粒度。要考虑是按预算科目管理，还是需要预算科目加部门，甚至再严格点，需要加项目或者产品线；按维度一步步地搭建好，最后的成果就是管理模型。见图7-10。

（1）模型类型。

管理模型分为额度模型和标准模型。额度管理对应的是预算，累计控制；而标准管理对应单一的指标，不累计。见图7-11。

控制策略支持总额控制和明细控制。用预算举例，总额控制指的是预算项目可以使用所有预算项目合计金额，明细控制指的是预算项目仅能使用该预算项目的本年金额。如果企业需要人力资源部门控制整个企业的工资费用，那么工资的控制策略里，针对每个项目的工资控制是明细控制，整个公司有一个总额不能超过，就是总额控制。采用多个维度的话，可以设置A维度进行明细控制，B维度进行总额控制，将其组合在一起实现整体控制。

（2）控制方式。

控制方式分为强控和弱控；强控是只要超过限额就不允许提交业务申请或者提交报销等；弱控是指允许在一定的范围内超过限额，以及超过时允许走审批流程。

可以设置某维度的部分值强控，另一部分值弱控。比如费用报销中，业务招待费是强控，差旅费是弱控。见图7-12。

可采用允许提交、提醒及超标通过3种控制策略（见图7-13）：

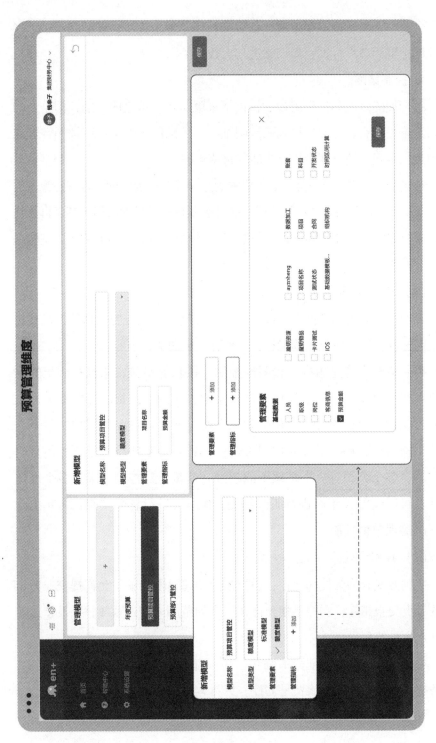

图7-10 管理维度——预算管理维度

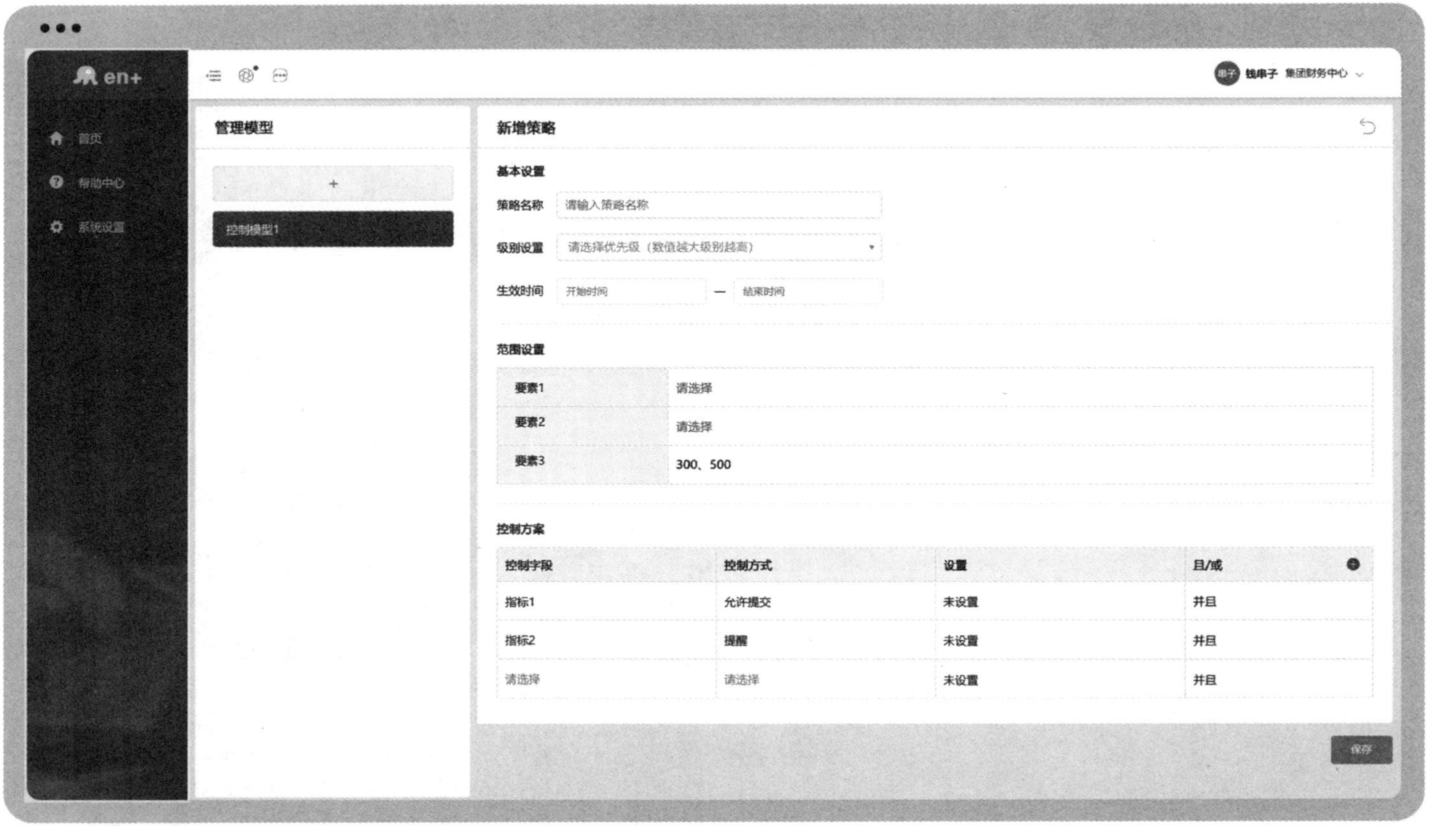
en+
首页
帮助中心
系统设置
钱串子 集团财务中心
管理模型
+
控制模型1
新增策略
基本设置
策略名称
请输入策略名称
级别设置
请选择优先级（数值越大级别越高）
生效时间
开始时间
结束时间
范围设置
要素1
请选择
要素2
请选择
要素3
300、500
控制方案
控制字段
控制方式
设置
且/或
指标1
允许提交
未设置
并且
指标2
提醒
未设置
并且
请选择
请选择
未设置
并且
保存

图7-11　管理模型——控制类型

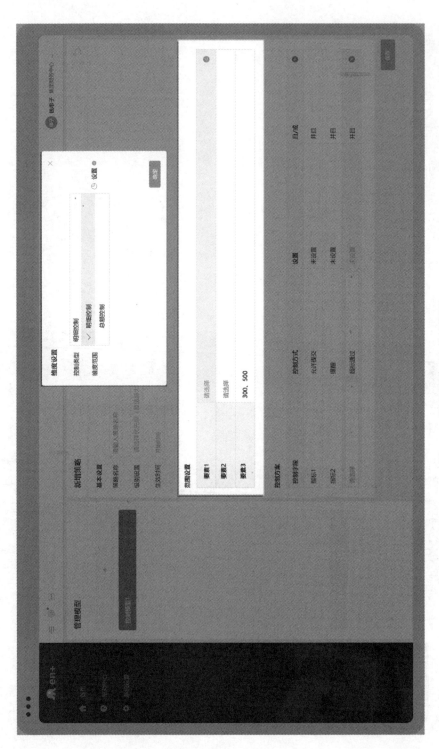

图7-12 管理模型——维度范围

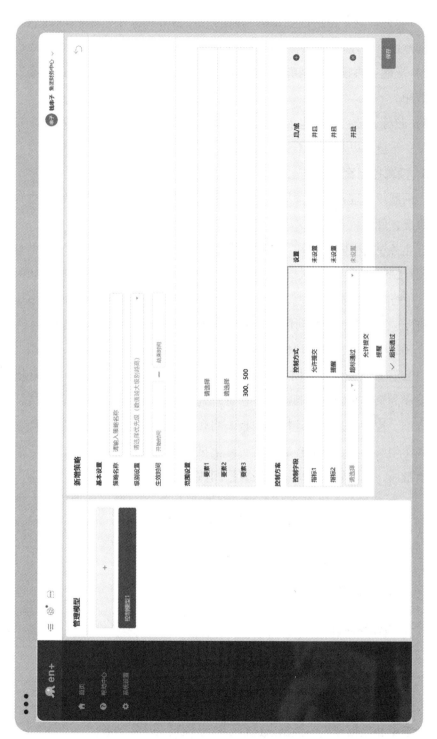

图7-13 管理模型——控制方式

1）允许提交：将超过预算编制额的一定百分比或某个数额设置为最终控制额度，超过时不允许通过。

2）提醒：将预算编制额的一定百分比或减去一定数额的数额设置为提醒数额。

3）超标通过：超标也能通过，一般配合维度范围使用，比如预算项目为某一维度可以超标，不受预算额度限制。

5. 预算控制案例分析

下面展示管理建模对预算控制的意义。首先需要分析预算控制体系有哪些维度，然后就可以定义业务建模。

在业务建模模板定义中，预算维度包括预算项目、部门、时间。先思考企业预算编制模板，如子公司汇总模板、集团汇总模板，部门预算编制如何申报，子公司层面如何汇总，集团对子公司又如何汇总，整个预算的审核体系、流程是怎样的。这些问题都思考清楚了，预算的体系就构建出来了。

在预算管理中，管理建模主要用于以下两个方面：

（1）预算汇总。预算模板下发到部门，经填报、上报汇总、总部审核后，会作为全年预算的控制额度存在管理建模的新增版中，系统管理员可实时查询，也可通过分析建模中的报表将预算控制数下发给有权限的管理层。到年中及年末，预算控制额度可能需要进行调整，部门预算调整申请通过审批后，更新管理建模中的预算控制数。

（2）预算控制。业务部门开展业务如费用报销、费用立项申请、借款、预付等时，通过管理建模的模型控制，给予允许提交、提醒、超标通过等控制。

7.2.4　分析建模

1. 分析建模定义

（1）**回顾**。

数字化服务平台整体包括业务建模（记录和储存业务）、数据建模（可理解为企业的基础资料或者主数据，但高于主数据）及分析建模（引用业务建模和数据建模的数据来进行分析呈现），见图7-14。

图 7-14 数字化赋能平台

搭建分析建模时，首先要分析需求，即输出什么结果；其次基于分析要求搭建业务建模和数据建模，规划数据加工和转换；最后由分析建模从业务建模中取数并呈现出来。这是数据平台的数据共享的意义之一。

（2）定义。

分析建模是指根据管理分析诉求，对数据进行指定并组合设定，同时对分析内容、数据算法与交互样式进行设计而呈现的分析输出模型，通过对模型的关联设置、图形样式与分析变量的定义，构成查询分析与输出呈现的实体。

2. 呈现方式

（1）数据报表。

搭建数据平台最终是为了数据的分析和呈现，分析数据最常用的表现的方式就是数据报表，有汇总表、明细表及自定义报表。见图7-15。

1）报表类型。汇总表是按一项或多项维度汇总，如按部门或科目汇总报销费用等；明细表，如果只需要看明细行，也就是通常所说的列表的界面和字段，这时需要做明细表；自定义报表，可以从不同的业务建模取数，从而定义报表。

2）数据来源。自定义报表的数据来源是业务建模或数据建模，可以是一个或多个。这就要求在做分析建模之前，要把业务建模、数据建模架构好，二者的科学性决定了分析建模取数的便捷性。

数据报表
报表类型：汇总表、明细表、自定义报表
数据来源：业务建模、数据建模
关联穿透：任意穿透、关联条件

分析看板
看板类型：指标卡、折线图、漏斗图、
　　　　　饼状图、柱状图……
数据来源：业务建模
关联穿透：指定穿透、关联条件

图7-15　分析建模的呈现方式

3）关联穿透。关联穿透是指任意穿透，即通过什么条件可以查询到另外一张报表符合这个条件的数据。

（2）分析看板。

分析建模的另外一种呈现形式就是图形，称为分析看板。很多企业都在做 BI 或移动端的数据呈现，用看板形式较多。

1）看板类型。看板的类型有折线图、漏斗图、指标卡等。

2）数据来源。看板的数据来源只能是业务建模，而报表可以来源于数据建模或业务建模。

3）关联穿透。报表可以穿透，比如看全公司业绩时，通过关联可以点击某一个部门以查看该部门的销售业绩，再穿透下去查询个人或某条产品线的信息。报表和图形化是财务人员最能直观理解并且接触最多的两种方式。

3. 分析建模能解决什么问题

1）能对多种来源的不同数据、以多种分析模型进行直观、穿透、关联呈现。

2）能满足企业在日常经营活动中对业务范围内相关数据进行事中和事后的分析控制。事后的分析控制对监督预算执行和今后的预算编制非常有必要。企业会召开经营分析会议，财务人员如果能建立分析建模，就可以通过投屏，用具象化的数据陈述观点，同时 App 查询能支持业务部门移动办公。今后，不用管理层追着财务要数据，财务追着业务要数据，而是财务自己搭建平台收集数据、存储数据、进行数据规则的定义和口径的转化，最后输出报表和看板。所有的图表都是财务人员通过数字赋能化平台配置而来的，且不需要财务人员掌握计算机技术。

智能财务时代，财务的转型方向就是规划企业的业务，梳理企业的业务逻辑关系。为什么财务要往这个方向转型？因为传统的记账职能会被逐渐替代，企业管理层更需要对企业业务流程的梳理、对业务数据的实时呈现，财务人员要掌握这样的技能。

4. 分析建模案例

（1）案例背景。

线上教育行业 A 企业在全国有几十家分公司，这些分公司各有自己的 CRM 系统，记录学员注册、报名、交费及销课信息。CRM 只管流程，没有数据分析的呈现，客户管理人员需要的报表只能通过技术部门用代码在数据库里查询出来再由人加工而成，一般一个数据报表从需求提出到呈现需要一周时间。客户管理人员需要按学员水平、城市、渠道来源等对收入（销课情况）进行分析。

（2）模型设计。

A 企业管理模型设计见图 7-16。

图 7-16　A 企业管理模型设计

1）方案规划阶段。分析建模的基础是数据建模和业务建模。分析建模都是从数据建模、业务建模取数。就好比做 Excel 表，肯定会先想好数据从什么地方获取，将"原材料"准备好。区别在于分析建模的数据是自动获取，而不是靠人工填数。比如分析区域销售业绩排名或者渠道业绩占比，在收集业务建模或者数据建模字段时，就必须包括区域和渠道信息。

管理层若要分析客户贡献，可以从收入入手；若他要透彻了解学员情况，就至少要有学员档案。还需把课程订单作为一个业务建模，课耗情况表从 CRM 系统直接导出。课耗是与订单、销售员相关联的，这就要把订单、课耗情况跟学员信息组成一个综合表。可以发现，这些数据都可以从业务建模里获取，需要业务建模的搭建。分公司有 CRM 系统，有课耗，对于订单也有业务数据，就直接用接口的方式来接入，然后根据数据规则加工转换生成综合表。

分析建模可很容易地从各个业务建模里取数。这里所说的业务建模指的都是记录客户业务的一个单据模型。业务建模需要的基础数据包括学员的信息、课程的信息套餐、收入类型、学习顾问部门。数据建模的维度也是根据分析模型的需要进行选择，最终目标是方便分析建模取数。

在模型设计阶段，对于做哪些数据建模，要做什么样的业务建模，要做什么样的分析建模等，可以事先用图表的形式画出来，包括报表的行是什么、列是什么，考虑按照什么样的来源来取数，根据什么样的规则来取数等。这就是模型的初步架构，以流程图进行细化梳理见图 7-17。

2）工具落地阶段。先构建一个用户基本信息表和业务建模，如可确认收入明细表，再从 CRM 系统接入。从外部系统接入数据需要考虑多种情形，如新增数据、老数据修改、老数据删除时的数据同步，以及什么情况下可以删除，是否需要回传已接入标识符。接入时点是采取业务系统每新增一笔就接入一次，还是每天统一接入一次，这要根据数据紧急程度和对数据时效性的要求来确定。以上问题需要先分析清楚，这样在技术落地时才能避免返工。

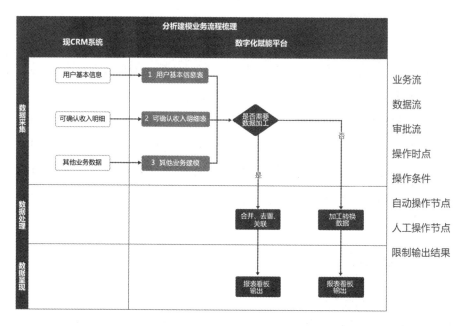

图 7-17 A 企业分析建模业务流程梳理

分析数据后进行数据加工。首先，把信息表接入数字化赋能平台之后，分析是否需要数据加工，可直接用于做报表的原数据不需要做数据加工，综合表需要进行加工以便于后面报表的取数；其次，提炼出加工规则，如几张表拼接成一张表、什么样的数据打上什么标签；再次，以上工作完成后可进行数据加工，创建业务建模承载加工后的结果；最后，从业务建模中取数。

分析建模取数。分析建模一般来说不需要人工操作，它是通过规则转换、数据处理、数据加工等功能，自动合并并去除关联数据的转换和加工，这时还要考虑操作的条件和限制、前提条件、呈现方式，最后得到可视化的报表和看板。

可视化呈现。使用数字化赋能平台制作报表和看板，不用财务人员每天收集数据填表。取数是全自动的，最大限度地避免了人工重复劳动。数据的需求方，比如管理层和业务部门，随时能以直观易懂的方式查询需要的数据，并且在移动办公时可在 App 中实时查询。现在很多公司都有企业数据大屏，以图表形式展示实时的业务数据。

（3）案例总结。

分析建模设计的步骤。先是方案规划，然后是工具落地。不管最终落地为何种建模平台和工具，首先要做的是方案分析，最后才是落地工具的实现。方案先行，工具落地，是技术赋能一直强调的思路。

做分析建模时，要分析业务的主要诉求。做方案时要思考两个问题：一是企业的业务目标是什么，这决定了数据呈现后是否与业务目标相吻合，是否满足数据需求方的诉求；二是存在哪些衡量标准或关键绩效指标。财务人员要贴近业务，理解业务，才能做出满足企业业务目标的数据分析。

7.2.5 事件驱动

1. 事件驱动的定义

在信息系统赋能化平台，对业务过程的管理和对其所产生数据的流动管理，需要借助事件驱动建模实现。事件可理解为业务过程，比如入职办理、合同申请、费用报销等。因为事件背后都隐含着对应的业务过程和数据流动管理，它们构成一系列管理活动。这种以事件为基础驱动业务管理过程和数据流动，连接数据和业务过程管理的引擎，称为事件驱动建模。

2. 事件驱动建模的基本要素

业务事件驱动建模的基本要素见图7-18。

图7-18　业务事件驱动建模的基本要素

（1）审核类型。

流程引擎的审核类型包括串签、并签和会签。以入职流程为例，存在多个审批节点，且审批节点是串行的，这种串行的流程节点被称为串签。串签流程若存在一个节点多人审批的情形，被称为并签。比如生产部门的质检环节，生产部门经理和质量部门经理共同确定产品是否合格，流程才能流转。在会签流程里，通常会先定义通过或者否决比例，比如某个会签流程节点，一共有 4 名会签人，在满足会签同意比例大于等于 50% 的情况下，该会签流程定义通过。

（2）权限管理。

在流程引擎里，通常会涉及数据权限的管理问题。各审批节点成员能看到的数据权限范围需要通过流程数据权限进行控制。对于流程中字段的编辑修改或者其他操作，可通过字段编辑、修改、退回等操作权限进行控制。流程引擎并不是独立存在的，它依附于业务建模。

（3）业务关联。

流程引擎通常设置同意、退回、加签等按钮，以及与按钮对应的触发规则定义。流程引擎伴随着业务建模而存在，业务关联关系通常也按流程引擎的按钮触发规则执行，通过流程引擎驱动业务流转。当接收者接收到对应的信号时，能及时做出反应，即当业务达到特定条件时，执行某类对应的业务规则。以费用报销为例，当审批流程结束，则触发下游付款单据的生成等。见图 7-19。

（4）审批人类型。

除流程审批引擎外，还可以针对流程审批节点进行灵活、个性化的定义，可定义多人、单人操作。关于流程操作状态，默认可选项通常有同意、退回、加签等。除了固化流程状态按钮，通常还可以对流程节点的按钮进行业务定义，比如归档、用章等操作。

3. 流程建模的具体应用

（1）流程建模的流程角色定义。

流程建模支持对各个审批环节流程角色的定义。在财务相关流程里，需要财务人员审核，而企业内财务人员众多，可以把其中被赋予审核职权

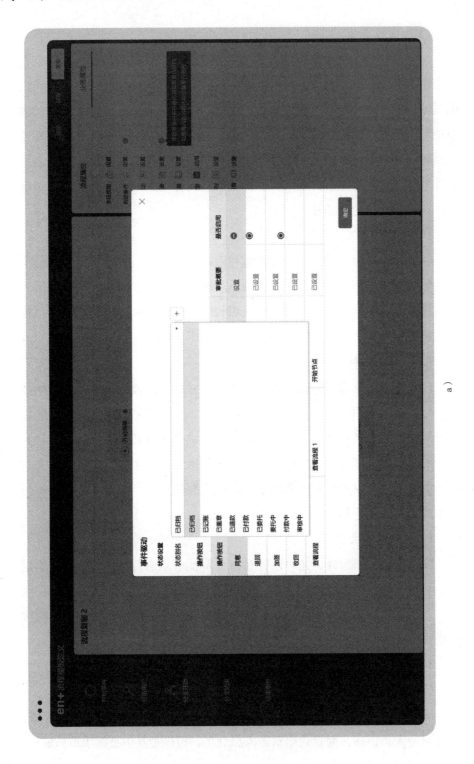

a）

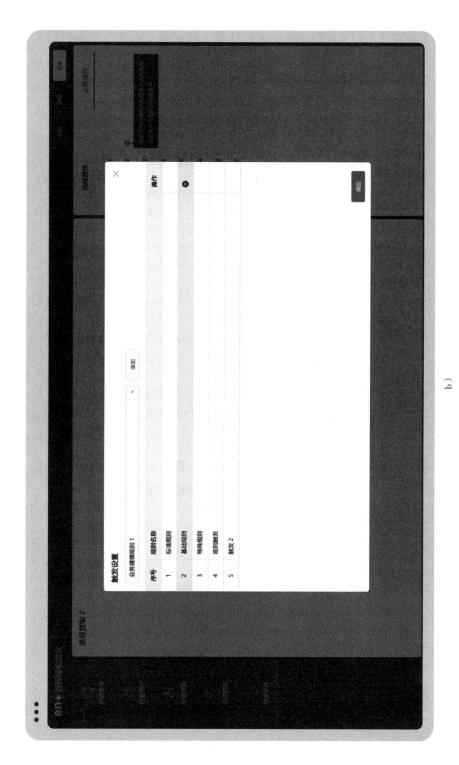

b)

图7-19 流程引擎的规则调用

的财务人员定义为财务审批角色。流程建模支持根据不同的基础数据要素对流程角色进行定义。完成角色模型定义后，就不需要在所有流程里单独进行财务审批节点审批角色的指定。角色模型常用于集团企业，它可对审核人、组织机构、岗位职级等进行组合，以实现流程角色的快速定位和匹配。同样，对于集团共享财务服务中心来说，通常是专人专岗处理某类特定业务。比如业务招待费，集团内某几个组织机构发生的费用，都指定由张三进行审核，那么他的角色会涉及费用类型这项基础数据，可以根据费用类型和组织机构，组合成一个模型，定义张三的业务招待费审核角色模型。

（2）**流程建模的流程条件定义。**

流程建模离不开条件模型的支撑，有了条件模型，即可支持定义灵活的流程条件组合。流程条件既可以是单个条件也可以是多个条件，条件之间是"且"或者"或"的关系。比如费用报销流程中，当报销金额超过一定标准时，需要触发公司 CFO 或 CEO 审批，对于此类需要额外审批的情形，可以通过定义流程条件予以实现。例如，当某种类型的业务招待费金额超过一定标准时，需要分管该类型业务的副总经理审批。此时，除金额条件外，还需要用到"费用科目"这个基础数据，"金额""费用科目"这两个条件组合成一个条件模型。通过识别和管控不同层级、维度的数据，实现对企业经营风险的控制，这就是流程建模中条件的具体应用。

（3）**流程的类型。**

通常需要对流程模型进行类型定义（见图 7-20）。若企业内部管理流程和制度相对规范，平台可支持定义"固定流"，即通过流程的标准化，进一步提升和优化公司的管理效能，避免反复沟通和差异化处理。从风险控制的角度来说，流程固化可在一定程度上降低企业的管理风险。将流程固化到特定的系统或者赋能化平台后，所有人都必须按照固有流程执行，这对所有人来说，既公平合理，又规避了过程风险。

流程建模除了支持定义"固定流"外，还支持定义"自由流"。在企业的标准化水平不够高、业务不够规范，但是管理层期望实现系统审批留痕时，适用此类流程。当在系统发起某项事项审批后，流程发起人可自行

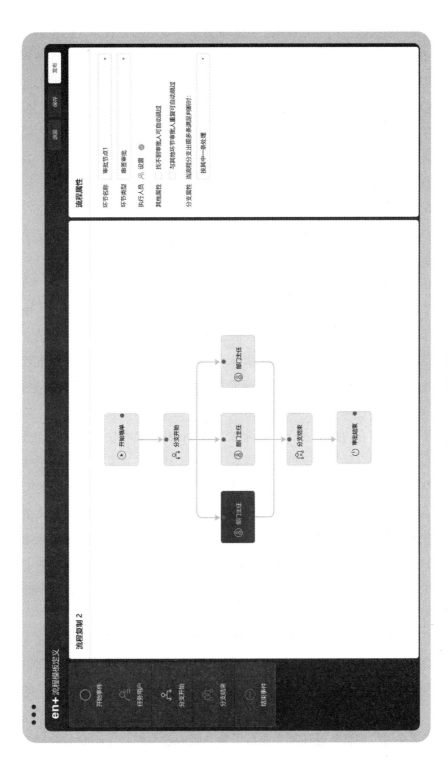

图7-20 流程模板的定义

决定需要哪些人或部门参与决策。此类流程参与者通常具有较大的不确定性，是一个变量。这种情况下，由业务发起人自行评估，通过自定义的流程模型，很好地配合业务开展，解决缺乏固定流、系统审批情况多变的问题。

在数字化赋能平台里，流程建模都通过拖拽的方式实现，它能够根据企业管理诉求和制度，通过自定义流程审批节点和流程分支条件，将各项审批制度进行固化，实现流程的贯彻执行。通过流程角色和流程分支，系统自动匹配和识别审批人，保证各项政策和制度执行的标准是统一的，以实现管理目标。此外，当流程的某些审批环节执行完毕，可调用规则进行数据的回写或者更新，实现业务数据在不同业务间的自动流转，修建起企业内部数据流动的"高速公路"。

4. 事件驱动建模的具体应用

以发票申请为例，业务部门提交了发票申请并经业务领导审批后，财务进行开票操作。此时需要维护开票信息和开票内容。如果在开票申请时没有提供对应的信息，则需要沟通和确认。通过前面对业务建模和流程建模的具体介绍可知，可以在发票申请业务建模中定义发票开具所需信息，同时，业务部门在填写发票申请单据时，可以定义是否需要快递发票。如果需要快递，可在流程中进行相应设置，如由行政等负责快递，快递完成后输入快递公司名称及快递单号等信息。通过上述业务定义及流程建模规划，非常清晰地定义了流程的每个节点、每位审批人应完成的相应操作，让业务有序开展。发票开具完成后，业务人员可以通知客户进行发票查收，并落实回款进度，实现流程自动流转和流程节点审批的可视化，大大提升企业各个职能部门与业务部门的沟通效率及内部运营管理效率。再如销售发票管理，当发票开具完成后，应及时安排邮寄和回款跟踪，尽量缩短回款周期，加速企业的现金回流，真正实现为企业增值赋能。

除了标准流程，流程再造也是一种提升企业效率，实现企业管理成本降本增效的有力手段，可以让企业各项流程更加顺畅高效。通过流程再造，改变或规范之前不合理的流程，让企业财务人员真正支持业务部门的各个业务场景。这才是财务人员价值的真正体现。

简单来说，事件驱动建模主要负责各个业务过程的管理和业务数据的流动，以及如何让它们更高效地衔接。

7.3 综合案例

7.3.1 案例背景

某建筑施工企业存在以下问题：

（1）数据零散，信息传递不及时，项目管理缺乏有效的系统支撑。

因为建筑施工行业标准化程度偏低，很难通过一套定制的信息化系统进行管理。在信息化系统上线前，企业采用传统的电话或微信方式传递项目信息，项目资料难以在一个平台收集。这几乎是所有工程类企业的一个痛点。

（2）合同执行进度、回款及开票信息难追踪。

在合同执行过程中，因为没有有效数据支撑，合同执行进度、交付记录、回款及开票信息很难统一追踪，都需要依赖人工进行管理，特别是项目结算时非常烦琐。因为项目执行周期长，几年过去，相关资料难以保持完整。

（3）客户、供应商、员工往来清理统计工作量大。

项目施工行业的往来单位非常多，客户及供应商的统计工作量不小。另外对现场管理来说，随着实名制用工的推行，人员进出统计的工作量也较大。

（4）项目现场施工管理困难，安全责任重大，缺乏安全预警机制。

建筑施工行业的安全责任重大，工人若未经上岗培训，就可能进入风险区域。有的建筑施工企业采用安装现场摄像头和中控室的方式解决这一问题，但造价较高，增加项目成本，而且存在监控死角。

（5）合同变更记录不及时、不完整，费用结算缺乏有效数据支撑。

合同变更对于施工企业来说相对频繁，单纯依靠项目经理对合同的敏感性并不可取。有的项目合同会及时进行变更记录，有的则缺乏有效的登记，待与甲方进行项目结算时，没有有效的记录作为结算依据，无法完成结算。另外，缺乏变更记录也会导致项目预算执行的情况不能实时体现。

（6）各项项目统计数据不完整、不及时。

在工程实施项目开工前，通常会制订项目预算，但实际项目执行情况仍然依靠事后统计，数据口径难统一，整体数据时效性不强，统计精准度也不高。

7.3.2 解决方案思路分析

1. 搭建项目整体流程框架

（1）建立数字化赋能的框架目标。

建立数字化赋能平台，以项目为驱动因素，实现数据的自动采集、数据处理和分析。驱动因素通常是指公司依靠什么穿起业务主线或者管理业务过程的全生命周期。对于建筑施工行业来说，驱动因素是项目。

（2）建立企业经营分析平台。

通过建立企业数据经营分析平台，实现项目全生命周期的收入管理。建筑施工行业一般都是以工程量清单为主线，后期的合同签订、计划收入都是围绕工程量清单确认。在签订合同时，需要对工程量清单进行合理规划。此外，工程款项的支付是通过预算管控的，这要求能够实时看到预实分析数据和预算执行情况表。

（3）万物互联、人机交互。

人事管理也是项目管理中必不可少的环节。在万物互联的时代，数字化平台不仅要实现人与计算机的交互，还要实现人与人、人与机器、物联网和计算机系统的交互。该项目用到的是物联网设备的接入，比如用人脸采集自动记录工人在现场的工作时长，通过芯片的处理，实现人进入危险区域的自动报警，并形成看板警示图表；实施工人实名制认证，通过身份证自动进行员工档案的接入和认证。

项目全生命周期管理流程框架见图7-21。

通过项目整体流程框架的梳理不难看出，整个方案解决思路紧紧围绕项目驱动这根主线，完成项目收入线和支出线的管理。

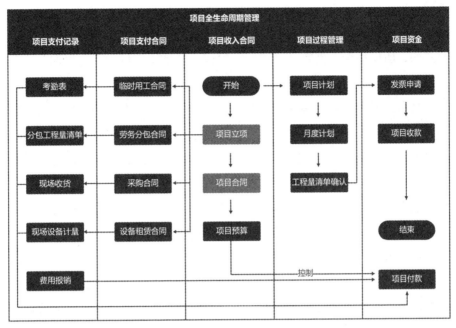

图 7-21   项目全生命周期管理流程框架

2. 模型的设计

（1） 数据建模。

数据建模，可理解为系统基础数据或者是主数据，如项目档案、客户档案、人员、组织机构等数据。

（2） 业务建模。

项目合同签订完成后，需编制项目预算。项目预算控制项目支付计划。从收入这条线来看，合同签订之后，通常会结合工程量清单制订项目整体计划。项目月度计划则根据整体计划来拆解，每月根据月度计划进行工程量确认，再进行发票申请与收款，形成收入到收款的数据闭环。从支出线来看，项目合同包括临时用工合同、劳务分包合同、设备租赁合同等，这类支付合同通常需要借助业务建模来记载，比如通过临时用工考勤记录表记录临时用工情况，通过分包合同的工程量清单确定分包合同完成进度，通过现场设备计量记录反映设备租赁使用情况等，这些记录数据都将作为支付和生成凭证的依据。

分析完业务流程后，还需要思考数据从哪里来，怎样形成数据的闭环。

首先，需要规划业务建模的字段，因为业务建模单据是以项目为驱动因素的，所以单据上需要有"项目"字段，以基于项目全生命周期完成数据追溯。

其次，考虑数据来源问题。项目立项时，项目档案资料处于数据源头，通常需要依靠手工录入；客户档案信息也如此，客户档案信息考虑手工录入，也可以借资源工具，如天眼查、企查查等，进行客户信息查询和自动填充客户档案。对于项目整体计划而言，可以从合同继承大部分数据，而合同的完成进度，可以根据后续项目执行情况，由项目经理完善实际完成时间。月度计划可依整体计划进行关联选择，工程量清单根据月度计划进行确认，完成发票申请及收款，形成收入的闭环管理。从支付合同来看，可以通过数据导入或者自动采集的方式，比如，考勤数据通过施工场地闸机，借助物联网设备传递，自动生成考勤表；报销单可以通过拍照发票，利用 OCR 识别技术自动填充，或者关联商旅资源自动填充与报销。

最后，需要完成业务建模结构设计。对于项目合同而言，一个项目会对应多条工程量清单，大的项目工程量清单甚至多达几百条，项目与工程量清单的关系是一对多，因此在进行业务建模数据结构规划时，需要将项目规划为主表字段，工程量清单则构成数据明细。

（3）分析建模。

根据管理层业务目标或决策数据需求，设置企业经营分析报表模型或图表，将数据维度或标签提前规划到业务建模中，通过分析建模进行报表或看板图例数据的实时呈现（见图7-22）。对应的看板或报表数据支持 PC 端与移动端多端呈现，方便快捷地掌握项目经营情况，真正意义上具备企业驾驶舱或者导航仪的功能。

（4）管理建模。

通过管理建模建立项目预算，进行项目预算的编制、控制和执行情况监督与分析，见图7-23。

预算控制可以预算分析报表的方式灵活地自定义各类预算分析，见图7-24。

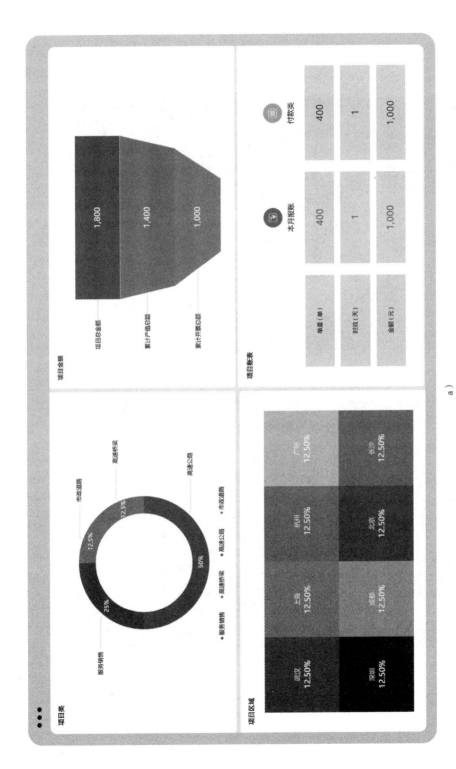

图7-22　建筑施工行业移动端看板示例

a ）

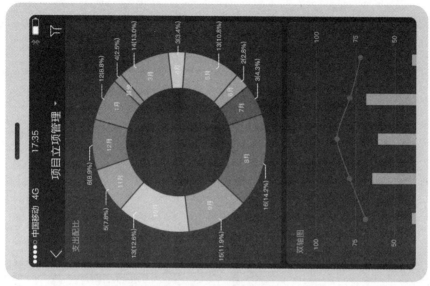

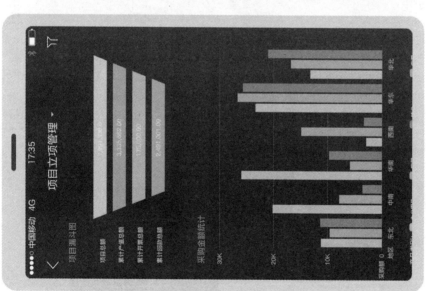

图7-22 建筑施工行业移动端看板示例（续）

b）

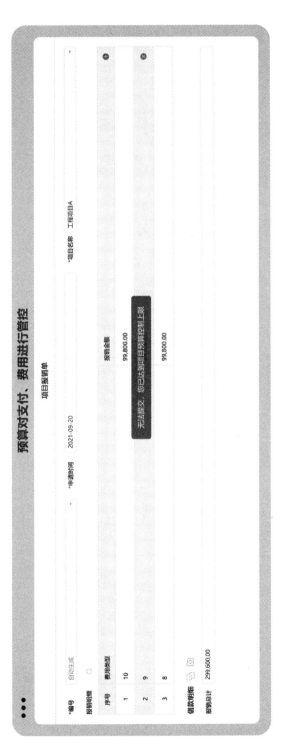

图7-23　预算费用支出管控

项目预算分析表

项目	预算类型	预算类型明细	总预算	占用	实际	未使用预算
		纸箱	1,58,268.00	265.00	265.00	1,958,000.00
		劳保用品	160,000.00	6,000.00	6,000.00	100,000.00
项目A	耗材费用	螺条	65,322,333.00	322,333.00	322,333.00	65,000,000.00
		五金	400,000.00	10,000.00	10,000.00	390,000.00
		氧气乙块	1,000,000.00	100,000.00	100,000.00	900,000.00
		钢材	998,255,255.00	8,255,255.00	8,255,255.00	990,000,000.00

图7-24 项目预算分析表

（5）事件驱动。

事件驱动可以理解为流程引擎，项目立项、合同审批、费用报销等业务发生，都需要走审批流程，用事件驱动来完成这些业务的流程的配置。

在进行模型建模框架时，可通过思维导图设计整体框架，财务人员可以借助这些工具进行辅助分析和规划，见图 7-25。

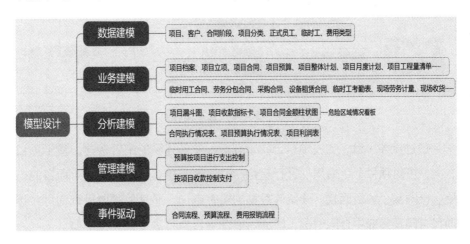

图 7-25　模型设计思路

7.3.3　解决方案效果展示

最后呈现的结果是大家最关心的。整个项目围绕"收"和"支"两条线来分析。

1. 建筑施工行业项目收入管理

从收入来看，设计思路是以项目为驱动因素，以工程量清单为主线，严格管理项目工程量清单变更。见图 7-26。

建立项目资料档案，基于项目合同编制整体计划，根据整体计划编制月度计划，同时还需管理现场施工日志。

从月度工程量计划来看，如果有超范围的情况，则需要填写工程量清单的变更。如果没有超范围，月度计划则严格按照合同签订的工程量执行，对工程量清单进行确认，最后提交开票申请、收款，流程结束。

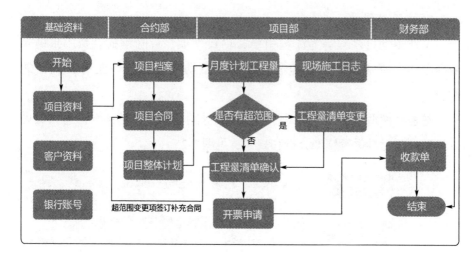

图 7-26　项目收入管理流程图

通过赋能平台，完成项目合同管理全部业务建模的配置搭建。基于项目档案，可对项目全生命周期进行追踪。通过项目档案台账，实现对项目的产值、合同额、项目回款、开票等数据的实时查询。通过关联项目查询可穿透项目合同及其变更合同情况，能清晰追踪项目执行进度。见图 7-27。

图 7-27　项目全生命周期管理

项目档案建立完成及项目合同签订后，基于项目整体计划，生成项目工程量清单。工程量清单是后续项目具体交付的参照标准，贯穿整个项目生命周期。见图 7-28。

通过项目月度计划记录与实际执行情况，判断是否有超合同范围的情况，若有，支持触发项目工程量清单变更。项目工程量清单支持在线追踪和查看，项目合同变更过程系统留痕，为后续项目结算提供数据和结算依据支撑。见图 7-29。

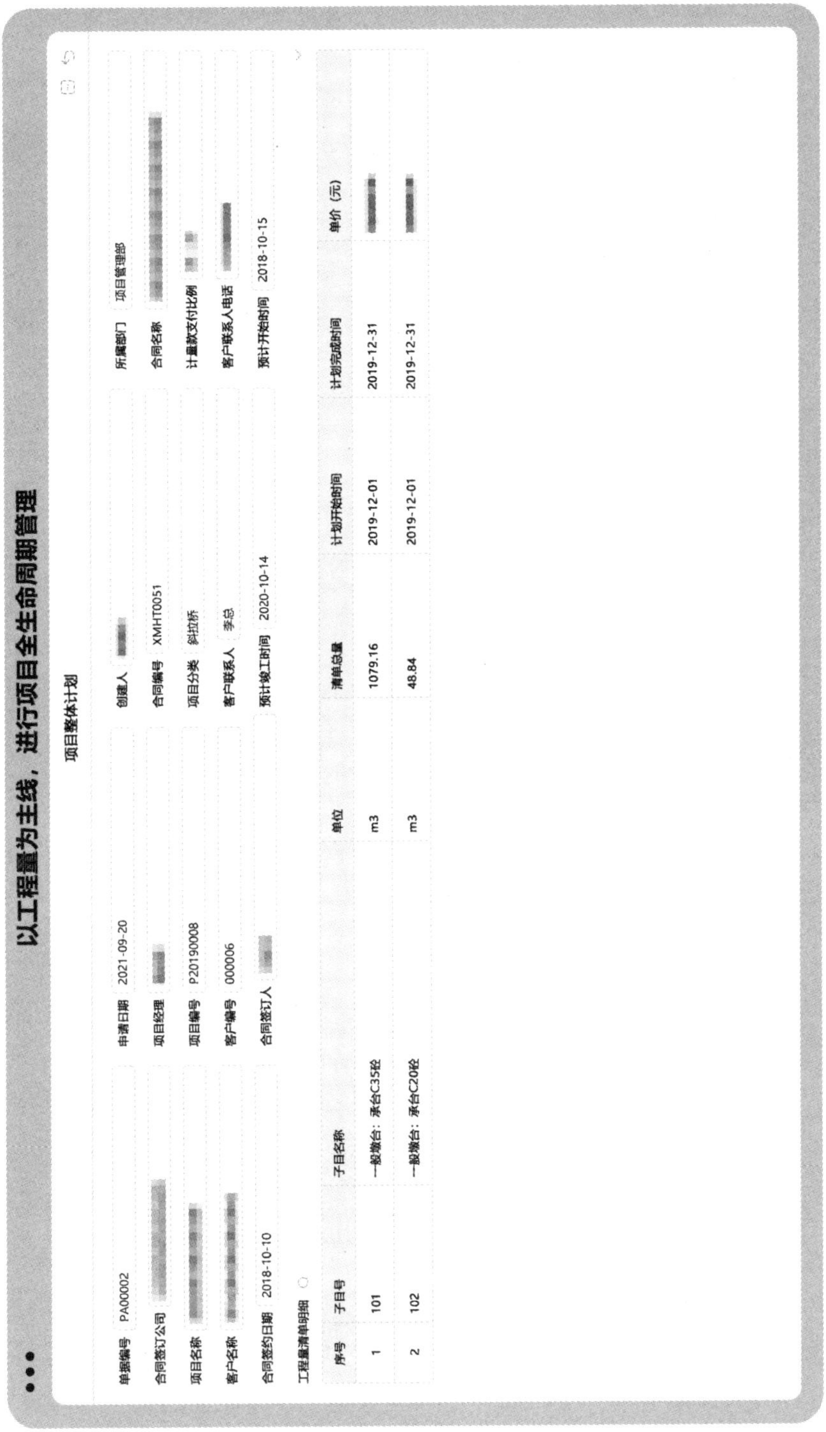

图7-28 项目整体计划单据界面

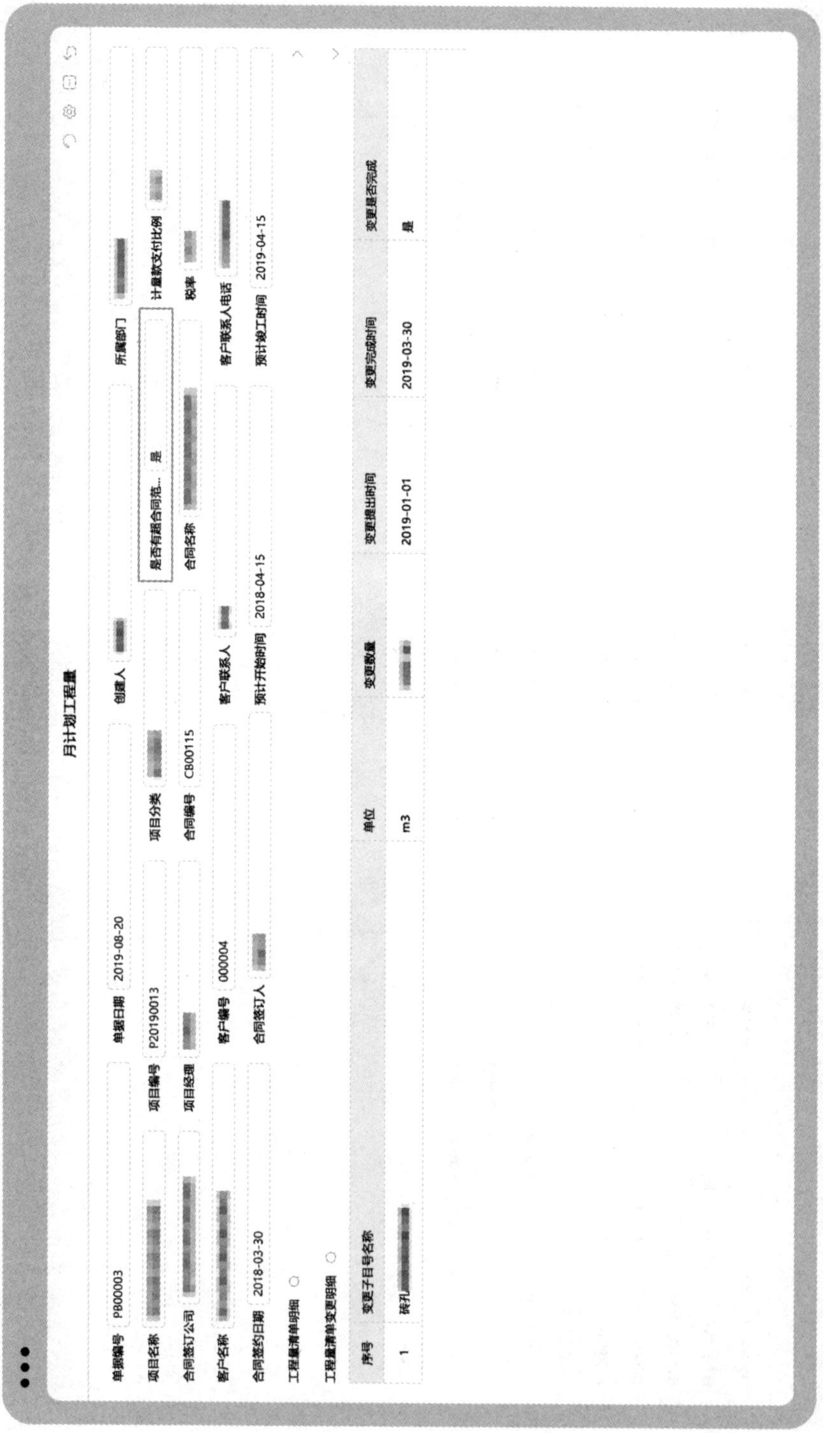

图7-29 项目月度计划单据明细界面

项目开票及回款数据来源于工程量清单的确认，工程量清单的确认为后续财务结算提供依据，实现业务财务一体化管理。见图7-30。

2. 建筑施工行业项目成本管理

建筑施工行业项目成本管理的设计思路是以项目预算为抓手，以采购合同为源头，进行费用项目化归集。

前面已经分析过，项目合同订立后，需要进行项目预算编制，通常该编制口径属于财务口径，比较粗，实际业务的投入会更加细化。根据预算最终支出管控的颗粒度的明细，无论是业务层还是财务层，可以先进行业务预算与财务预算的对应和转换。大部分企业多采用财务口径进行统计和预算分析，当然也可以以更小的颗粒度来进行，具体可根据项目和企业实际情况定义，通过数据维度进行无限扩展。见图7-31。

数字化赋能平台的优点在于支持用户用去代码的方式进行自定义和业务建模搭建。而对于传统的固化信息化系统，当需要对固化程序或界面进行修改时，通常需要大量二次开发投入，成本较高。

项目成本管理离不开管理建模，通过管理建模的工具，使预算的业务建模和费用报销建立起关联关系。通过内置预算管控规则（柔性控制和刚性控制），对超标情况采取提醒、不通过或者在一定范围内允许通过等多种预警方式。当预算达到控预算上限时，对报销单据进行强控制。见图7-32。

采购合同作为项目施工行业成本的来源，与项目成本有着千丝万缕的联系。通过采购合同可以建立与项目及施工现场收货记录的关联关系，通过采购合同查询现场收货情况及具体的收货明细。见图7-33。

项目成本的另外一个重要来源是项目的人工成本支出，包括正式员工和临时员工的薪资。对人工成本支出，系统均可支持项目化的核算，在薪资发放计划单据都能关联项目进行核算，便于后续项目成本的归集。见图7-34。

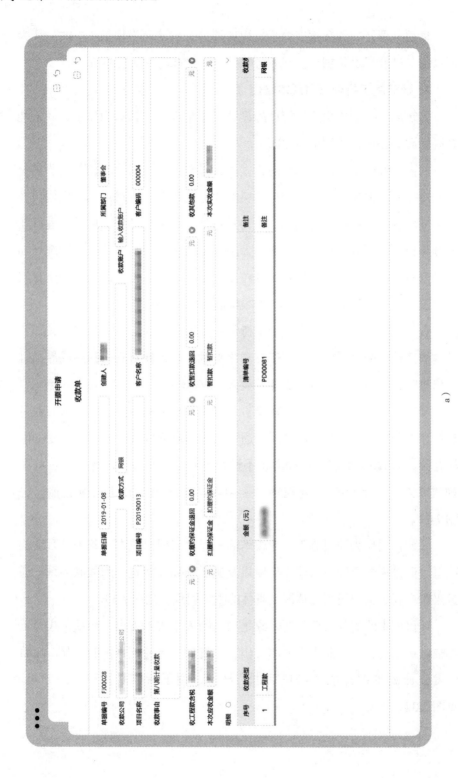

a）

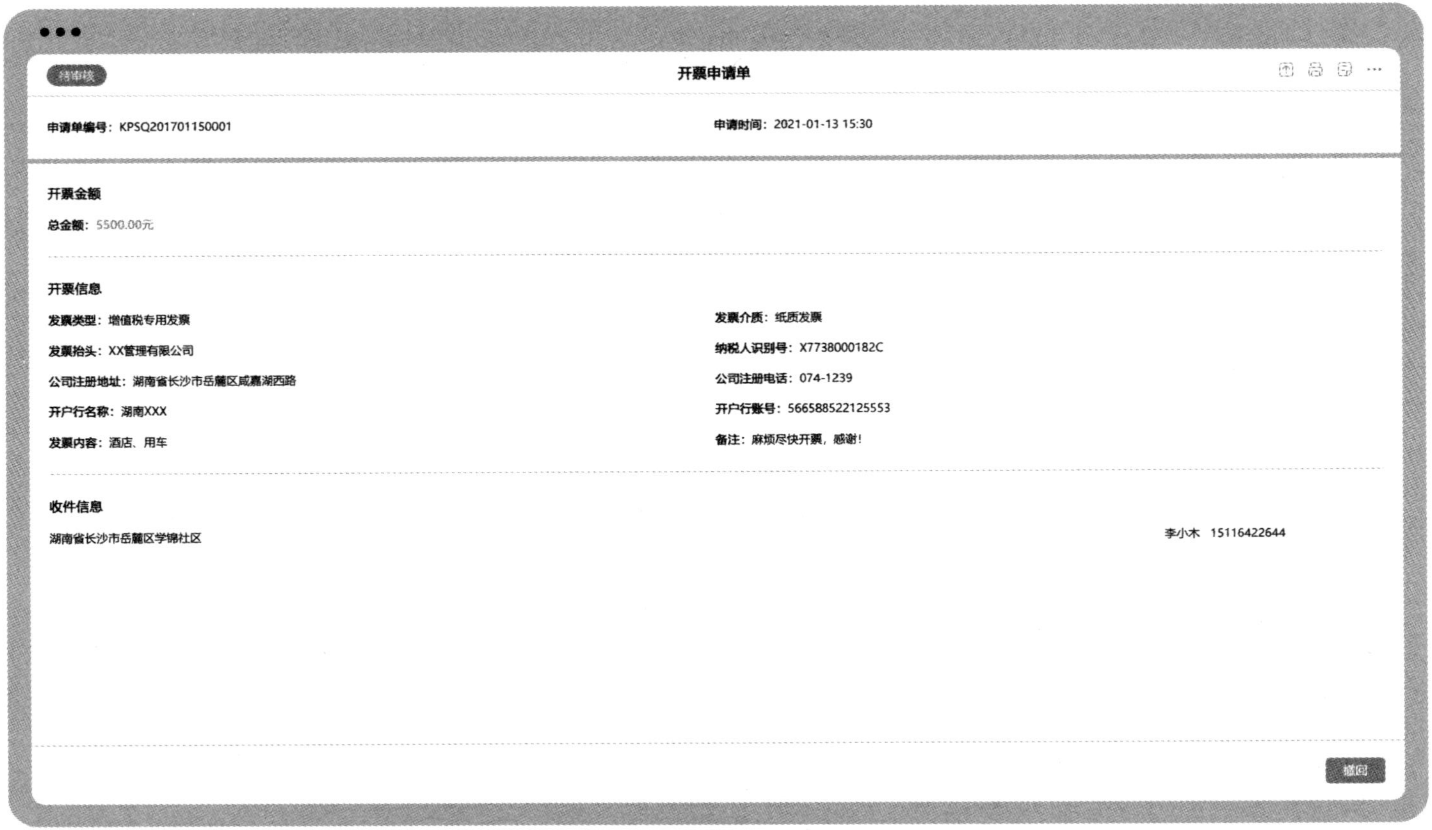
待审核
开票申请单
申请单编号：KPSQ201701150001
申请时间：2021-01-13 15:30
开票金额
总金额：5500.00元
开票信息
发票类型：增值税专用发票
发票介质：纸质发票
发票抬头：XX管理有限公司
纳税人识别号：X7738000182C
公司注册地址：湖南省长沙市岳麓区咸嘉湖西路
公司注册电话：074-1239
开户行名称：湖南XXX
开户行账号：566588522125553
发票内容：酒店、用车
备注：麻烦尽快开票，感谢！
收件信息
湖南省长沙市岳麓区学锦社区
李小木 15116422644
撤回

b）

图7-30 项目合同开票及收款单据界面

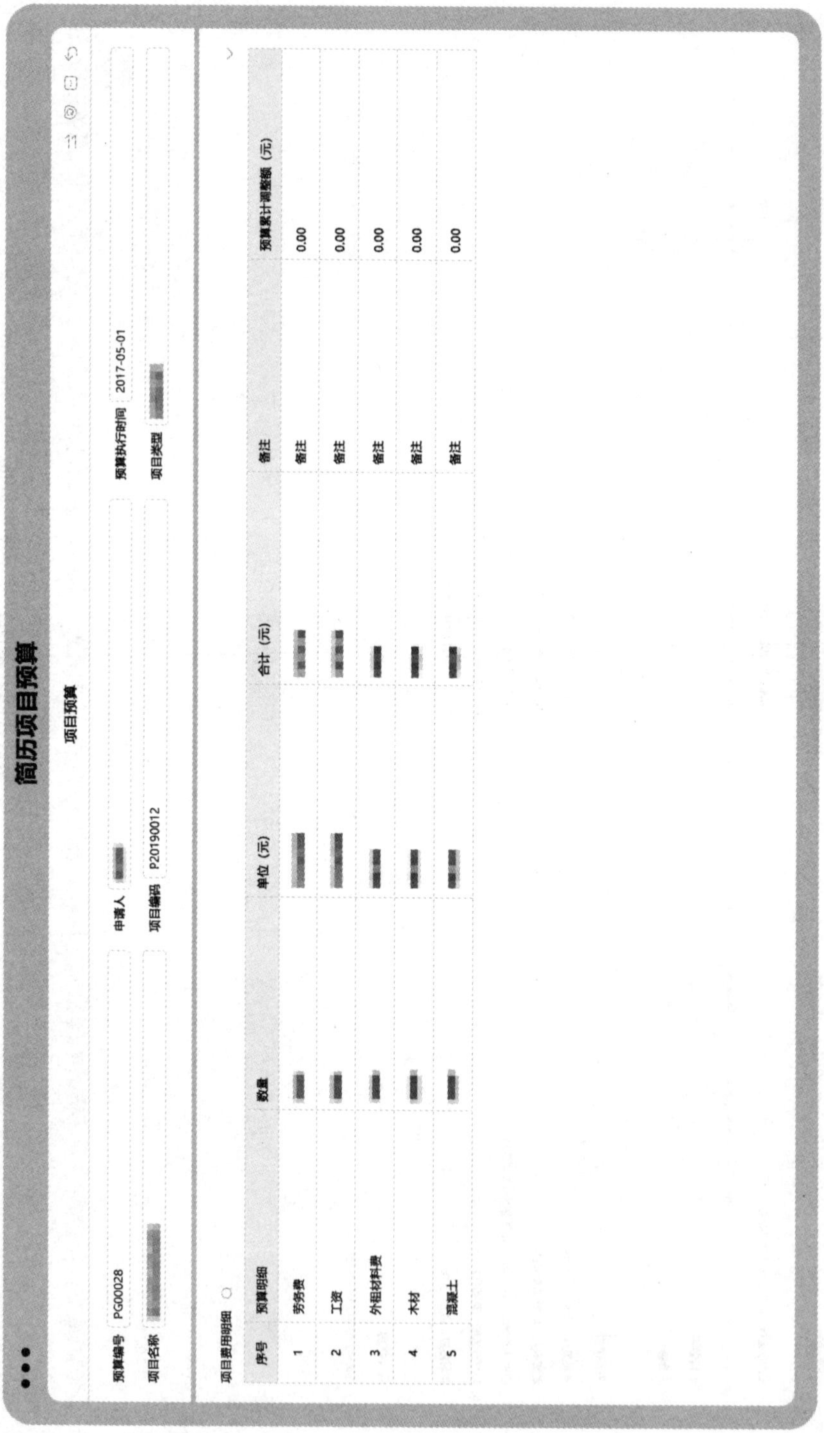
简历项目预算
项目预算
预算编号 PG00028
申请人
预算执行时间 2017-05-01
项目名称
项目编码 P20190012
项目类型
项目费用明细
序号 预算明细 数量 单位（元） 合计（元） 备注 预算累计调整额（元）
1 劳务费 备注 0.00
2 工资 备注 0.00
3 外租材料费 备注 0.00
4 木材 备注 0.00
5 混凝土 备注 0.00

图7-31 项目预算编制界面

图7-32　项目报销单预算控制

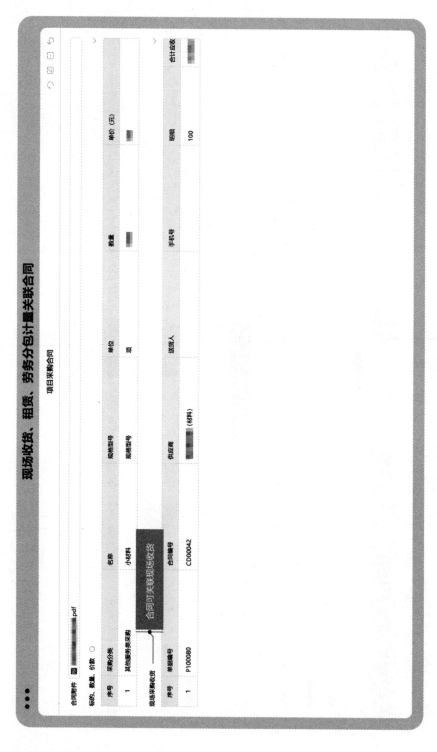

图7-33 项目采购合同与现场采购收货记录关联

工资核算关联到项目，受预算管控

单据编号 12315465465　　　　**发放月份** 10月　　　　*工资总计 100,000,000.00　　　　*应付合计 90,000,000.00　　　　↺

薪资发放计划

正式工工资发放明细　　　**临时工工资发放明细**

序号	员工编号	员工名称	所属项目	工资标准	日/月薪	发放时间
1	DD20180041600001	李欣	项目A		9,000.00 月薪	2021-01-08 15:30
2	DD20180041600002	张娜	项目A		9,000.00 月薪	2021-01-08 15:30
3	DD20180041600003	刘娜	项目A		6,000.00 月薪	2021-01-08 15:30
4	DD20180041600004	张潞源	项目A		9,000.00 月薪	2021-01-08 15:30
5	DD20180041600005	李一凡	项目A		7,000.00 月薪	2021-01-08 15:30
6	DD20180041600006	王小杰	项目A		9,000.00 月薪	2021-01-08 15:30
7	DD20180041600007	马擎	项目A		7,000.00 月薪	2021-01-08 15:30
8	DD20180041600008	灵鹏	项目A		9,000.00 月薪	2021-01-08 15:30
9	DD20180041600009	王浩	项目A		9,000.00 月薪	2021-01-08 15:30
10	DD20180041600010	张丹	项目A		9,000.00 月薪	2021-01-08 15:30

图7-34　员工薪资发放计划与项目关联

7.3.4 案例总结

通过本案例介绍，相信大家对数字化赋能平台有了比较深刻的认知，下面阐述数字化赋能平台的核心框架（图7-35）。

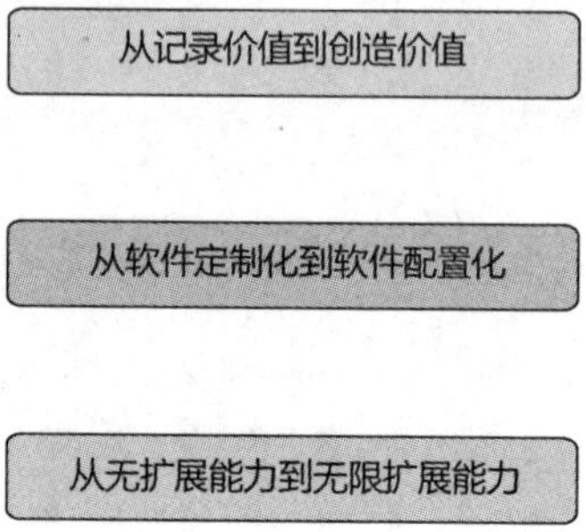

从记录价值到创造价值

从软件定制化到软件配置化

从无扩展能力到无限扩展能力

图7-35 数字化赋能平台核心框架

首先，数字化赋能平台的应用是一个从记录价值到创造价值的过程。通过业务建模进行数据的采集和记录，然后通过数据清洗、转换与加工，对数据进行翻译与处理，最终呈现对决策有用的数据信息，实现数据价值最大化。企业成本中最高的往往并非原材料及人工成本，而是决策成本。如果财务人员能够很好地给企业管理层提供决策的数据支撑，那么就从记录价值上升到了价值创造的高度，实现了服务价值。

数字化赋能平台强调数据是流动且形成闭环的，不仅可便捷地获取、查询及分析，还可降低人工干预。这种去人化的操作，由于节省了人工搬运数据的成本，所以也是创造价值的体现。

其次，从软件工具落地的角度来说，传统软件研发项目需要成立专门的开发团队，或者需要定制外包，项目实施周期长、费用高。而企业大多数财务人员与信息化项目成员，懂技术的不懂专业，懂专业的不懂技术，沟通鸿沟难以逾越。这会导致交付的系统并不能从实质上解决业务问题。如果财务人员掌握了数字化赋能平台的建模工具与思维，就能配置属于企业自己的平台，大大降低企业信息化开发成本，系统可扩展性及灵活度也能大大提升。

最后，通过数字化赋能平台的应用，能够帮助企业在信息化系统建设过程中，实现从无扩展能力到无限扩展能力的突破。传统的信息化系统项目，不能简单地说它无扩展能力，但其如果要扩展，需要单独进行定制开发，成本高、周期长，导致企业资源的浪费或者信息化系统程度偏弱。而数字化赋能平台支持自定义搭建与扩展，当企业的业务发生改变时，只需进行部分配置修改，或者重新构建业务建模，就能快速应对变化。

不难发现，企业的数字化转型离不开思维的转型，要不断提升和突破思维和能力边界，善于借助流程图、思维导图等工具进行分析，提炼数据建模的框架与思路，梳理业务流程与分析方案，为数字化转型进行铺垫。数字化的赋能平台是由方案和工具两个方面共同决定的，方案是灵魂，工具是载体，先进行方案设计，再通过工具予以落地。财务人员只有真正掌握这些工具，提升工作技能，突破思维边界，才能成功实现转型。